U0165414

人生有點苦，但你可以選擇幸福

叔本華 59 個不迎合、
提升配得感的人間清醒之書

Arthur
Schopenhauer

阿圖爾·叔本華——
著

李東旭——
編譯

G 高寶書版集團

Part 3

做幸福的主人，不做財富的奴隸

Part 4

名譽與傲慢的假象

Part 5

地位與榮譽的本質

Part 6

名聲的力量

前言

　　胡適曾經說：「凡研究人生切要的問題，從根本上著想，要尋一個根本的解決：這種學問叫做哲學。」李澤厚說：「讓哲學主題回到世間人際的情感中來吧，讓哲學形式回到日常生活中來吧。」這也是出版本套「答案之書」的根本出發點，讓哲學來解決人生的切要問題，讓哲學家為我們的日常生活提供答案，讓哲學的認知和思維解決日常生活中的困惑。

　　哲學是關於世界觀的學問。當人們擁有了正確的、科學的世界觀，就掌握了生活的智慧。獲得「智慧」的人也就獲得了直接的人生答案，他們無論從任何角度，都能夠很好地應對生活中的問題，從而把生活引向更好、更幸福的彼岸。

　　「答案之書」系列之所以選擇叔本華（Arthur Schopenhauer）、尼采（Friedrich Nietzsche）、帕斯卡

（Blaise Pascal）三位比較有代表性的西方哲學大師，是因為這三位哲學家的學說有針對性地回答了我們對生活的一系列追問。

首先，人活著的終極追求是什麼？

幸福是人生的根本追求。叔本華對幸福本源的探索，回答了幸福的真相是什麼，幸福源自哪裡，以及我們如何才能幸福地過一生。

其次，一個人應該如何面對自己和生活？

尼采就是一個真實做自己的人，他的理論無論是「我是太陽」還是「酒神與太陽神論」，都在幫助人們發現自己，成為自己，即一個人怎樣生活，怎樣面對周圍的世界，如何活成自己最本真的樣子。

最後，究竟是什麼決定了人對事物的判斷和處世方法？

思維是認知事物的根本，一個人的思維方式決定了他對這個世界的看法和處理問題的角度。優秀的思維方式是一個人無比優越的財富。帕斯卡是一個很偉大的人，他在多個領域建樹卓著，他設計並製

作了一台能自動進位的加減法計算裝置，被認為是世界上第一台數位計算器，我們根據「帕斯卡定律」測算壓力，壓強單位帕斯卡（簡稱帕）即以他的名字命名。他的思維方式對世人影響深遠。

本系列叢書立足普通大眾讀者，輕鬆又包含人生哲理的短篇，恰恰特別符合當下讀者碎片化閱讀的需要。

本系列叢書節選三位哲學大家的思想精粹，直面當下眾多人的人生困擾，簡明地給予答案。

在內容編排方面，會以每位哲人的全集原典為底本，精選出符合本書主題的內容，並擷取精要，分章節編排。

每本書排版開闊，讀者可以用輕鬆的心情來品讀，一詞一句，豁然開朗。

書名中的數字在此處非實指，實際上每本書給讀者的答案和方法遠不只一百種。萬變不離其宗，從一看到二、三、一百、一萬，這用一個漢字表達，即「道」。

本系列叢書想要展現給讀者的，正是哲學家關於生活的「道」。希望本系列叢書，能讓讀者以哲學的思維重新認識自己、認識世界，解決日常生活的煩惱和困惑，擁有更美好的人生。

PART 1

關於幸福的三個眞相

顯赫的地位，高貴的出身，

如同王侯將相，與真正的人格優勢，

如偉大的心靈或高尚的情操相比，

充其量不過是舞台上的王侯而已，

而後者才是真正的君王。

幸福的真相

亞里斯多德（Aristotle）的理論中，幸福被分為三類：來自外物的幸福，來自靈魂的幸福，以及來自肉體的幸福。

這種三分法在我看來還是有可取之處的。在我看來，人類命運出現差別的原因，可以歸結為以下三個方面。

第一，人是什麼，從廣義上來說，就是指人格，它包括了健康、力量、外貌、氣質、品格、理智以及教養。

第二，人擁有什麼，即人擁有的財產和其他所有物。

第三，一個人在他人的評價中是什麼樣的。就像大家都明白的，透過已了解的情報，去判斷一個人在朋友們眼中的形象是怎樣的，或者更嚴格地說，他

們是怎樣看待這個人的。這會透過他們對此人的評價表現出來，而他們的評價又透過人們對他的敬意和聲望而體現。

幸福存在於自身之內

　　使人們在第一方面出現差別的是自然天性，由此可以斷定，和另外兩個方面的差別相比，第一方面的差別對於是否幸福的影響要更為重要。後面兩個方面的差別只是人為的結果而已。

　　顯赫的地位，高貴的出身，如同王侯將相，與真正的人格優勢，如偉大的心靈或高尚的情操相比，充其量不過是舞台上的王侯而已，而後者才是真正的君王。很久以前，古希臘哲學家伊比鳩魯（Epicureanism）最早的信徒邁特羅多魯斯（Metrodorus）就曾說，他的著作中有一章標題也是如此：「幸福存在於自身之內，而非自身之外。」

　　就整個人生來說，幸福最基本的要素，無疑就在於人的構成和人的內在素質。因為內心的快樂抑或是痛苦，首先是揉合個人的感情、意欲和思想的產

物，而環境只是間接地對人生產生影響。

因此，同樣的外部事件，對不同人產生的影響也就不盡相同，甚至即便外在條件大都相似，人們依然可以獨自生活在自己的小天地裡。

人們對自己的觀念、感覺以及意志具有最直接的理解，只有那些與自己生活有關的外部世界，才能對其產生影響，而人們塑造出的生活，也完全取決於自身觀察的視角。所以，生活對不同的人表現出的色調也不同。

對於一些人來說，它貧瘠、枯燥、淺薄；對於另一些人來說，它豐富多彩、趣味盎然、意味深長。

不少人在聽說別人經歷了一些讓人高興的事情後，就期待著同樣的事也在自己的生活中發生，而忽視了他們其實更應嫉妒的那種正向精神能力。

當人們講述一些令人愉快的事情時，這種能力便會賦予這些事情獨特的意義，這些事情對於天才來說，充滿了快樂的冒險情趣，而在感覺遲鈍的凡夫俗子眼中，則變得乏善可陳、司空見慣。

歌德（Goethe）和拜倫（Byron）的很多詩作就完全是天才的傑作，但這些作品大都取材於現實。愚蠢的讀者嫉妒詩人經歷了那麼多愉快的事情，卻不去嫉妒詩人超凡的想像力，因為那些簡單的事情正是由於這種想像力才變得偉大輝煌。

同樣，自信樂觀的人眼裡所令人興奮的衝突性事件，在性格憂鬱的人看來，卻有可能是一幕悲劇，而在心靈麻木不仁的人眼裡，則完全沒有任何意義。

所有這一切都基於這樣一個事實：當主觀因素和客觀因素協作，才能全面認識並欣賞事物。這兩者密切地聯結在一起，就像水中的氧和氫，所以，面對同一個對象時，雖然在經驗中客觀和外在的因素可能相同，但由於主觀因素和個人鑑賞力不同，人們的看法就會千差萬別，就好像這種客觀與外在因素也是不同的。

即便是世上最燦爛多彩的事情，在智力遲鈍、愚蠢的人眼中也乏善可陳，這就像一幅在惡劣天氣裡的美麗風景畫，或一架劣質攝影機拍下來的影像。

每個人無疑都被幽禁在自己的意識內，人無法超越自己，更無法直接走出上述界限。因此，外在的幫助對他並無太大意義。

苦難面前，人人平等

在舞台上，人們扮演著不同的角色：王子、大臣、奴僕、士兵、將軍……等等。這些角色都只是外表不同，除去這些裝束，骨子裡大家都是一樣的，都只是一些對命運充滿憂慮的可憐演員。

人生就是這樣，地位和財富的不同，賦予每個人不同角色，但這並不代表他們內在的幸福和快樂會有所差異，這也是那些凡夫俗子和那些不幸的人們苦難和煩惱的根源。

儘管幸福與不幸是由全然不同的原因引起，但就這兩者的本質來說，它們在所有方面都大同小異。**幸福之於人們所扮演的角色、地位高低以及財富的多寡毫無關聯，這是毋庸置疑的。**

對於人來說，任何已知存在或發生的一切事情，都只在他的知覺中存在，是相對知覺而發生。

所以人最為本質的東西，就在於知覺的形成。

　　一般而言，知覺要比構成知覺的環境更為重要，一個麻木不仁、冥頑不靈的人，只要和賽凡提斯（Cervantes）被囚禁在昏暗的牢房裡寫作《唐吉訶德》（*Don Quixote*）相比，其所有的榮耀和歡樂就不值一提。

　　人生客觀部分掌握在命運之神手中，就其本質而言，它是永遠不會改變的；而主觀部分則掌握在我們自己手中，它會因情況變化而發生改變。

　　所以，儘管在人的一生中，外部條件可能會發生很多變化，但每個人的生活都還會有一致的地方，這就好比樂曲中雖然有一系列的變奏，但主旋律卻保持不變。

　　人無法超越自己。

　　如同動物若被放置在某一環境裡，便只能局限於自然為牠安排的那個狹小圈子；人也是如此，人們追求幸福的努力，永遠都不會超出其本性所許可的區域，並只局限於其所能感覺到的範圍；人所能得到的

幸福多寡，從一開始就由其人格決定了。

我們精神的力量更是如此，和這種精神力量密切相關的，是人們獲得更高級愉悅感的能力。如果這項能力弱小，那就會毫無建樹，親朋好友以及命運所能給予的，都無法使他達到一般幸福和快樂的水準。他的幸福和快樂都只能來源於肉體的欲望（一種極為舒適和愜意的家庭生活），無恥下流的同伴和粗鄙無聊的娛樂。一旦出現這般情況，即使是教育也無法使他的視野開闊。

心靈快樂是人最高尚、最豐富多彩的永恆快樂。

幸福取決於我們的人格

處於青年時代的我們可能沒有意識到的是，決定心靈快樂的主要因素是心靈力量。很明顯，**我們的幸福在很大程度上取決於「我們是什麼」，即取決於我們的人格**。

命運或命運所賦予我們的東西往往卻是「我們有什麼」，或「我們在他人的評價中處於什麼地位」，在這種意義層面上，命運是能夠改變的。

但假如我們的精神不夠富有，那麼我們的命運就不會有多大改變，所以，愚者終其一生都愚蠢，冥頑不靈者至死依然冥頑不靈，即使他們被眾多的有利因素簇擁著，依然也會如此。

歌德在《西東詩集》（*West-östlicher Divan*）中寫道：「對每個時代來說，不管是地位低下的民眾或奴僕，還是公認的勝利者，他們作為塵世間的凡人，其

最高的幸福只有人格。」

　　有句諺語說，飢餓是最好的調味品。從年輕人和老年人重視之物不再一致這個事實，一直到天才和聖人的生活，所有的事實都說明，對於幸福而言，人生中的主觀因素要比客觀因素更為重要。

寧做健康的乞丐，不做多病的國王

　　健康的重要性遠超其他幸福，因此有人說，**寧做健康的乞丐，不做多病的國王**。溫文爾雅、活潑快樂的氣質，完美強健的體魄，清晰的理智，敏銳的洞察力，堅強的意志以及良知，這些優勢都是地位和財產不能替代的。

　　人格對個人而言，乃是在孤獨時與他形影不離之物，誰也奪不走或給予不了，和他所擁有的財富相比，人格更本質、更純粹；和所有人對他的評價相比，人格也更實在。

　　才情卓越者，即便處在完全孤獨的狀態中，也能以他的思想與幻想獲得很大的快樂；即便沒有絲毫變化，沒有舒服的社交，沒有看戲、出遊和消遣，也不會有愚人的煩惱。

　　一個生性善良而且性情溫和的人，身處貧困之

中也會感到幸福。相反，如果一個人生性貪婪、嫉賢妒能、心狠手辣，即便讓他擁有再多的財富，他也會痛苦不堪。

如果一個人內在精神極度富足，且對自己獨特的人格樂此不疲，那麼，人類所追求的大部分快樂，甚至是使他感到痛苦煩惱的累贅，對他來說全都是多餘的。

所以奧古斯都時期的詩人賀拉斯（Horace）說過這樣的話：「許多人即便被剝奪了各種奢侈品，他們仍能生活。」

蘇格拉底（Socrates）看到四周滿是待售的各種奢侈品，不禁驚呼：「這世界上我不想要的東西竟然這樣多。」

所以，我們的人格便是人生幸福首要的、最本質的要素。這種因素在任何情況下都發生作用，除此之外別無其他原因。

而且，人格不同於其他兩類幸福，它不是命運的遊戲，我們也不會曲解它；人格具有絕對價值，

而另外兩類幸福只具有相對價值。而透過外在手段去影響一個人，其程度比人們通常所認為的要小得多。實際能對人格產生真實影響的，唯有公正的時間，各種生理和精神的優勢在它的影響下都會逐漸逝去，只有道德不被時間打敗。

人生需量力而行

考慮到時間的消極作用，相比第一類幸福，另外兩類幸福似乎更為優越，因為時間並不能剝奪它們。而且這兩類幸福或許還有一種優勢，即因為它們完全是客觀、外在的，所以我們能得到，起碼所有的人都有得到的可能。

相反，我們很難獲得主觀的東西，但卻可以透過一種神聖的權力得到，它是不可改變、不可轉移、殘酷無情的。

歌德在詩作中曾描述，人們剛降生，便被某種無法改變的命運所支配，所以，就像行星之間只能經由固定軌道運行一樣，人只能在為他所設限的範圍內求得發展。所以女先知西比拉（Sibyl）斷言：「人絕對無法逃脫自己的命運，就算是時間的力量也無法將人們早已命定的人生道路改變。」

我們唯一能做到的事情，就是盡量運用自己所擁有的個人天賦，遵從這樣的娛樂方式，並且將其稱之為遊戲，努力爭取它們所容許的完美而不顧其他。**所以，人應當選擇與自己天賦相配的地位、職業和生活方式。**

　　試想一名大力士，被環境所迫而從事某種不需體力活動的職業，如從事精細、煩瑣的手工，或從事學術研究和需要其他能力的腦力勞動，這些都是其能力所不及的工作，而他具有的那些優秀能力也從而被迫放棄，像這樣被命運所愚弄的人，終其一生也絕不會感到幸福。

　　那些被迫去追求一種不需要自己能力的職業，導致自身能力無法得到發展和運用的人，他越理智，命運便越悲慘，或許即便讓他從事某種體力勞動，他也力有未逮。

　　在這種情況下，尤其是在青年時代，我們應當注意避免可以預料到的危機，不要高估自己的能力。

　　因為屬於第一類的幸福比屬於另外兩類的幸福

更重要，所以，相比一心獲取財富的行為，旨在保持自身健康、培養自身各種能力的行為顯然更為明智。但我們也不應將此錯誤地理解成對獲取足夠的生活必需品抱持無所謂的態度。嚴格地說，財富乃是十足的奢侈品，它無法給我們帶來真正的幸福，倒是有很多富豪感到不幸，原因是他們缺乏精神教養或知識，對他們能夠勝任的腦力工作沒有興趣。

財富會擾亂我們的幸福

財富除了能滿足我們真正、自然的需求以外，對幸福沒有多大影響。事實上，倒不如說財富會擾亂幸福，因為聚斂財富，必然會給人們帶來極大的煩惱和不安。然而，相比提高教養的用心，人們在追求財富上所費的心思要大出何止千百倍，儘管很明顯的是，對於幸福的定義，「人是什麼」比「人有什麼」重要得多。

所以我們在看到有人像一隻勤勞的螞蟻，從早到晚無休無止，殫精竭慮地斂聚金銀財寶時，就會明白許多道理。他只思考達到目的所要使用的方法，其餘卻一無所知；他的心靈空白一片，因此其他事物很難影響到他。

那些最高的快樂，即理智的樂趣，是他可望而不可即的；他任情縱欲，徒勞地用那些轉瞬即逝的快

感來代替理智的愉悅，並為延續這種短暫的快感付出巨大的代價。

如果運氣好，那麼他真的會因憑藉自己的努力而積聚起萬貫家財，他或者將這些財產留給自己的子孫，或者繼續積累財產，或者任意揮霍，浪費這筆財產。這樣的一生，儘管有著真誠執著的追求，但仍是愚蠢的，就像頭戴錐形帽嘩眾取寵的小丑一樣。

「人自身所固有的東西」才是幸福的關鍵。一般而言，財富是不值一提的，大多數為擺脫貧困而奔走的人會感到不幸，情形就跟為了財富而耗費精力的人一般無二。

他們內心空虛、想像枯竭、精神貧乏，所以這兩種人非常容易結伴，因為他們有著共同的追求和娛樂，他們的樂趣大多是感官的歡娛和各種消遣，甚至是荒唐無度的。

紈褲子弟依靠巨額遺產過著一種窮奢極欲的生活，他們往往會在令人難以置信的極短時間內，將巨額財產揮霍一空。其中的原因，就是他們內心空虛

無知，所以這種人也憎惡、厭棄生存。

外在富有而內心貧乏的人來到這個世上，徒勞地用外部財富去彌補內心的不足，並盡力去取得虛有的一切，這就像一位老人冥思苦想著要用某種方法使自己力大無窮一樣，統治以色列的大衛王和法國元帥吉爾・德・雷（Gilles de Rais）就打算這樣做。

至於造成人生幸福的另外兩類福事的意義，不需要我多加強調，如今，人人都知道這兩類幸福的價值。第三類好像不如第二類重要，因為它只是別人的意見而已。但是，人們仍然追求名譽，即好的名聲。另一方面，只有為國家服務的人，才滿心盼望著高官厚祿，他們很少注意名聲的好壞。

總之，人們一般把名譽看作無價之寶，把名聲看作人能獲得的最寶貴的幸福，有如上帝選民的金羊毛；儘管只有傻瓜才選擇追求地位而放棄財富。此外，第二類和第三類幸福彼此互為因果，其他的優勢，常常能讓我們得到自己想要得到的東西。

Part 2

幸福不在別處，就在你的身上

最能使我們直接獲得幸福的，
莫過於愉快而美好的心境，
這種良好的心境因自身而直接受益。
快樂愜意的人總有他快樂的原因，
任何來自外界的事物都無法代替這種性格。

你若笑口常開，你便幸福

我們已經知道，對於幸福來說，「人是什麼」要比「人有什麼」以及「他人的評價」更為重要。「人是什麼」以及「人自身固有的東西」永遠都是我們首先要考慮的事情。因為人的個性恆久伴隨自己，他的存在也因此而呈現出強烈的個人色彩。

一切的享受，如快樂，主要取決於自身，尤其是對於肉體的快樂，這一點所有人都會同意，精神的快樂更是如此。英語短語「自得其樂❶」就是對這類意思極為恰當的表達。因此，人們通常會說「他在巴黎享樂」，而不是說「他享受巴黎」。

對於病態的人，所有的快樂都會變味，就像甘醇的美酒，在他口中總帶有一股膽汁的苦味。因

---

❶ 自得其樂：原文為 to enjoy oneself。

此，人生的幸與不幸主要取決於我們自身對待人生的方式，以及我們感受能力的程度和性質，而很少取決於降臨到我們頭上的東西。

簡而言之，**人格及它所造成的一切，才是我們幸福和福祉唯一直接的源泉**，其餘的都只是媒介和手段，不會對幸福產生什麼特別的影響，但人格的影響卻完全不同。由個人品性所激發起的嫉妒為何最難消除，其原因也就在此。

此外，一些持久而且永恆的因素，在我們的經歷和磨難中形成了深刻意識；在我們活著的每一時刻，個性的影響恆久綿長；而各種機遇和變故的制約，對我們的影響只是暫時的、偶然的、轉瞬即逝的。所以亞里斯多德說：「始終不渝者是品格，而非財富❷。」

正因如此，對於來自外界的不幸，人們願意忍受，而且通常也能忍受得住，但是對於自己造成的不

---

❷ 參見《歐德謨倫理學》（*The Eudemian Ethics*）第 7 卷第 2 章。

幸卻很難淡然處之，因為來自外界的運氣會發生變化，而自身的品格卻是本性難移。

所以，對幸福而言，發揮首要也是最重要作用的，是出自內心的幸福──高尚的品性、傑出的才智、優雅的氣質、開朗的心境和完美強健的體魄，簡單來說就是健康的身體加上健全的精神。所以，相較於看重外部財富和外在榮譽的態度，我們應更加注意保護和促進自身內在的品格。

最能使我們直接獲得幸福的，莫過於愉快而美好的心境，這種良好心境因自身而直接受益。快樂愜意的人總有他快樂的原因，即是他的快樂本身，任何來自外界的事物都無法代替這種性格。

如果你認識這樣一個年輕人，英俊富有，受人尊敬，而且你想了解他是否幸福，那麼可以問他是不是因此而快樂──如果他本就快樂，那麼他是年輕還是年老，又或者是不是駝背，是貧窮還是富有，這又有什麼關係呢？畢竟追根究柢，他是幸福的。

我小時候曾讀過的一本古書裡，記載了這樣的

話：「你若笑口常開，你便幸福；你若愁眉苦臉，你便不幸。」這格言是多麼簡潔，正因其簡潔，我才一直沒有忘記。

所以，當快樂敲響了我們的大門時，就應當敞開大門歡迎它的到來，因為快樂的到來永遠不會不合時宜。但我們卻常常不這樣做，而是為是否歡迎它而猶豫不決。我們想確信自己是否有充足的理由感到滿足，然而卻又擔心精神的歡樂與嚴肅的反省以及深沉的憂慮相抵觸。快樂是一種直截了當的獲取，它對於幸福而言，就好比實實在在的現金，而不是銀行的支票。

只有快樂能讓人類在此時此刻獲得眼前的幸福，此為我們的最大幸福，它存在於兩個永恆之間的那一瞬間。我們追求幸福的最高目的，即是促進這種快樂感並使之得到有效的保障。

幸福十之八九依賴於健康

　　能夠帶來最多快樂的莫過於健康，而給予最少快樂的則莫過於財富。我們大都會在那些所謂的「低等階層」那裡，在工人階級，尤其是生活在鄉村的人們臉上看到歡樂和滿足，而在上流社會，也就是富貴人家的臉上發現煩惱和憂鬱。

　　所以，**我們應當盡量保持健康，快樂就是健康的身體上盛開的花朵。**為了保持健康，人們應當做些什麼，這幾乎不消我多說——避免一切過度、放縱、令人不快的情感以及所有精神上的過度勞累，每天堅持在新鮮空氣裡鍛鍊，勤洗冷水澡，以及其他像這樣能促進健康的活動。如果每天不進行適量的鍛鍊，我們就不能保持健康，充分發揮身體各部分的機能，生命的整個過程都需要運動，不管是直接相關的部分，還是整個身體，都要運動。亞里斯多德說：「生

命在於運動。」運動是生命的真正本質，人體的各個部分都需要不停地運動。

心臟進行著複雜的收縮和舒張，在強勁有力而且不知疲倦地跳動，讓身體的全部血液沿著動脈、靜脈以及毛細血管運行；肺臟持續不斷地呼吸，就像一台蒸汽機似的；大小腸不斷地蠕動；各種腺體都在不停地吸收和分泌；伴隨每一次脈搏的跳動和呼吸，大腦也在進行脈動和呼吸的雙重運動。

人一旦不再運動，外部的靜止便會使內心產生激烈的騷動，如此便會產生一種令人目眩的、致命的不平衡，因為持續不斷的內部運動，需要得到外部運動的配合與支持。否則，我們就不得不壓抑一些情緒以達到內外平衡。有一句拉丁語簡潔地表述了這一法則：「物體運動的規律是，速度越快活動越頻繁❶。」

如果再比較一下這兩種情況，即比較精神愉悅、身強體壯時，和因病痛而憂鬱沮喪、苦惱焦慮

---

❶ 原文為：Omnis motus, quo celerior, eo magis motus.

時，外部環境和事件對我們產生的影響，那麼就會發現，我們的精神很大程度上決定了自己的幸福，而我們的健康狀況又是多麼依賴自己的精神。

真正能使我們幸福或不幸的，並不是那些客觀的「事物是什麼」，以及「事物自身是什麼」，而是我們對於那些客觀事物所產生的內在感受。

這就像古羅馬哲學家愛比克泰德（Epictetus）所說：「左右人們的不是客觀事物，而是人們對客觀事物的見解。」

概括地說，幸福十之八九依賴於健康。只要身體健康，所有事物都會令我們快樂；但缺少了健康，無論什麼也不能令人愉快，甚至人格的其他幸福，如偉大的心靈、快樂的性格等，也都會由於失去健康而大打折扣。

由此看來，人們在問候時首先談及對方的健康，表達自己對他人身體健康的良好祝願，不是沒有道理的，因為良好的健康狀況於幸福來說是最為重要的條件。

由此可見，最愚蠢的行為就是為了其他幸福，如利益、晉升、知識或榮譽，而犧牲自己的健康，不管是什麼樣的幸福，這樣做都是愚蠢的，為了轉瞬即逝的肉體歡愉而糟蹋自己的健康，這種行為就更不用說了。

　　健康比其他任何事物，都能帶來更多的幸福。

樂觀和美貌讓人更幸福

　　健康能在極大程度上給我們帶來快樂的心情，這種快樂的心情就是幸福的本質。但快樂的心情卻並不完全依賴於健康，一個人的身體可能極其完美健康，但他可能仍然多愁善感、悲傷沮喪，並且常常懷有一些悲觀的想法。

　　造成這種心情最根本的原因，無疑在於人天生的生理構成，特別是人的感受能力和他的體力、肌肉力量的關係，這些都是無法改變的客觀原因。

　　感受能力不正常就會使得精神失衡，隨著週期性地奔放縱情，人們會有規律地出現憂鬱消沉的心理。而所謂天才，指的是那些神經堅強或者感受能力敏銳的人。

　　亞里斯多德說得很中肯：「那些在哲學、政治學、詩歌或其他藝術方面有著傑出才能的人，似乎

全都是多愁善感的。」西塞羅也有著同樣的看法，他說：「亞里斯多德曾經說過，智者多慮。」莎士比亞（William Shakespeare）在《威尼斯商人》（*The Merchant of Venice*）中曾經說到人的兩種天生氣質：

自然造下人來，真是無奇不有：
有的人總是眯著眼睛笑，
好像鸚鵡見了吹風笛的人一樣；
有的人終日皺著眉頭，
即使涅斯托爾說的笑話很可笑，
他聽了也不肯露一露他的牙齒，
裝出一個笑容來。

這便是柏拉圖（Plato）區分「性格溫和愉快的人」和「性格憂鬱悲觀的人」的依據，他是根據人們對於喜樂和痛苦的印象所表現出來的感受能力程度來劃分。

因此，同樣一件事情會使某個人感到悲觀絕

望，亦有可能會讓另一個人感到樂觀並充滿了信心。一般而言，一個人對不愉快印象的感受能力越強，對快樂印象的感受能力便越弱。

反之亦然。同一件事情既可能產生好的結果，也可能產生壞的結果，性格憂鬱悲觀的人會因為不妙的結果悲觀失望、煩惱哀傷，即便事件是令人愉快的，他也沒有快樂的興致。相反，溫和愉快的人卻不會為不妙的結果擔憂、惱怒不安，一旦情況有了轉機，他就會為此深感高興。

對性格憂鬱悲觀的人來說，做事情十次有九次成功，他並不會為此感到高興，而只會對其中那一次失敗耿耿於懷。溫和愉快的人則相反，即使只有一次成功，他也會從唯一的成功之中找到安慰並保持快樂的心情。

但是關於這個道理，還可以舉一個相反的例子，那就是幾乎所有的災禍都是可以得到補償的。因為總的說來，性格憂鬱悲觀的人所要克服的不幸和苦難，大多是想像出來的，所以就不如那些性格溫和

愉快、樂觀開朗的人所面臨的不幸和苦難真實。

　　總是看到事物的黑暗面，害怕產生惡劣結果，並因此採取相應行動的人，同總是看到事物光明面的人相比，後者更有可能會失算和栽跟頭。

　　如果一個人天生多愁善感，再加上神經不正常或消化器官紊亂失調，這樣長期的不安，就會使他厭倦人生，並由此產生自殺的傾向，甚至一件微不足道的、令人不快的瑣事也會讓他萌生此意；而且，當這種情況發展到最壞的程度時，可能就算沒有絲毫理由，他也會自殺。

　　一個人因為長期的不幸而決定結束自己性命時，會冷靜而堅決地執行自己的決定。受難的人平常會受到監護，所以他迫不及待地等待著人們疏於防範的那個時機，然後毫不猶豫，也沒有內心的掙扎，以極其自然隨便的方式使自己得到解脫。

　　除此之外，在這般情況下，即便是最健康、樂觀的人，也可能執意去死：如果苦難，或某一不可避免的災難壓倒了他對死亡的恐懼，他也會這樣做。

唯一的區別在於：對於導致必然發生這種致命行為的苦難容忍程度有所不同，對於快樂的人來說，其容忍程度要高得多，而對於憂鬱的人來說，輕微的苦難便能導致自殺。

通常越是多愁善感的人，越是容易產生自殺傾向，而走到極端的人，甚至沒有任何痛苦也會自殺。如果一個人有健康的身體作為精神支柱，而且性格樂觀開朗，那麼，只有遭到了滅頂之災他才會去自殺。

因此，導致自殺的原因程度不同，但卻構成了兩個極端：僅因為天生的憂鬱加劇而自殺，以及天性健康樂觀者的自殺，但後者放棄生命完全是有其確實理由的。

美，有些部分屬於健康範疇，人們認為它是個人的優點；嚴格來說，美並不能直接帶給我們幸福，而是透過讓別人留下深刻印象的方式，間接地做到這一點。

美是一種外在標誌，能在相互引薦時幫助我們

生輝，也使我們在心理上對容貌俊美的人預先獲得某種好感。

　　古希臘詩人荷馬（Homer）說：「紅顏麗質不可輕易丟棄，除神外誰也無法給人美貌。」

痛苦和厭倦是幸福的兩大勁敵

只需稍加考察就能發現，痛苦和厭倦是幸福的兩大勁敵。甚至可以說，我們若有幸在一定程度上擺脫了其中一個敵人，但也就接近了另一個敵人，人生多少有些在這兩者之間遊移的意味。

這是因為這兩者相互間具有一種雙重的對立：一重是外在的或客觀的，另一重是內在的或主觀的。困境和貧窮使人痛苦，但優渥的處境和富裕又令人厭倦。換言之，處在社會底層的階級迫於生計，或者說為擺脫痛苦而疲於奔命時，上流社會則持續受到厭倦情緒的侵襲。

這種內在或主觀與外在或客觀的對立正基於這樣一個事實，即就個人來說，對痛苦的感受能力和對厭倦的感受能力成反比，因為感受能力是與心靈力量直接相關的。接下來我就試著說明。

這就如同一條法則，晦暗麻痺的心靈與遲鈍木訥的感覺，以及經受任何刺激也不會被影響的神經，是與對痛苦與憂慮漠然無知的性格互有關連的，儘管這種痛苦客觀來說可能很劇烈，但這對理智麻木者則不然。

　　至於理智麻木，從根本上講，其實就是反映刻畫在許多人臉上的靈魂空虛，並且對外界各種事情，甚至最微不足道的事，所表現出熱切關注的心靈狀態。這就是厭倦的根源——以充實心靈和精神為藉口不斷地追求刺激。

　　為了達到這一目的，理智麻木者乞求於一些卑鄙可恥的娛樂，一心想著社交的樂趣，或依仗著一些「長舌婦」或作風懶散的人，這兩類人的行為，側面表明了理智麻木者的存在普遍性。他們樂於與人交往，追求奢侈迷醉的生活，這都是因為內心空虛，有很多人因此落了個萎靡荒唐、淒涼悲慘的下場。**使我們免遭此類淒然悲傷之事的手段，莫過於擁有豐富的精神財富，精神越富有，便越能免於厭倦。**

而有活力的思想永遠也不會萎靡枯竭！我們能在自我和自然的各種現象之間，找到讓自己激動的新素材，從而使自我和自然結合成新的聯盟，如此，你就會激勵自己的心靈，保持良好的精神狀態，以免鬆懈麻痹，陷入煩惱。

　　另一方面，過人的才智是以超常的感受能力為前提的，意志的力量越強，人的熱情便越高，兩者相結合，便提高了情感的能力，這樣就使得這類人對整個精神乃至肉體痛苦的感受能力加強，同時也就越無法忍受各種艱難困苦，對障礙的不滿情緒也就越大。

　　這些素質大大加強了想像力，同時也鮮活了思想範圍內事物的各種表象，包括那些令人不快的事情。在想像力的作用下，痛苦憂慮的情緒還會被過度誇大。這對於智力程度不同的人 —— 從愚蠢至極到聰明過人 —— 全都適用。

要麼孤獨，要麼庸俗

不管是從主觀方面抑或從客觀方面來看，一個人距離人生某種苦難的根源越遠，那他距離其他苦難之源就越近。

所以人有這樣一種天性：盡可能地使自己的客觀世界和主觀世界一致，也就是說，我們將與自己最易遭受的苦難進行殊死鬥爭。追求自由以避免痛苦和憂傷被聰明人放於首位，因其追求寧靜又充滿閒情逸致的簡樸舒適的生活，故盡可能地避開各種滋擾。

一旦與所謂的同仁產生些許交集後，他就寧願過避世隱居的生活，如果他極富理智，甚至會選擇離群索居。因為一個人自身所擁有的東西越多，向他人求取的東西就越少，別人無疑也很難再給他什麼。這也就是智力超群的人自甘孤獨的原因。

如果人際交往單是從數量上相加便能讓人聰明

的話，那麼生活在這個熙熙攘攘的偉大世界上或許是值得的；但很不幸，成千上萬的愚人加在一起，也仍然不及一個聰明人。

但是，對另一種極端猶豫不決的人來說，一旦對日常必需品需求的痛苦消失，便會不惜一切地努力放縱時光，與人交往，尋找消遣，貪戀他想要的所有事物。**任何離群索居的人謀求快樂時，依靠的都是自己的所有，由此他的內在所有便會暴露無遺；而衣著華麗的愚人則背負著卑鄙低劣的人格痛苦地呻吟，這種重負他永遠也無法擺脫。**

而天資聰穎的人，則會以其富有生氣的思想，來擺脫自己所處的死氣沉沉的境地。古羅馬哲學家塞內卡（Seneca）提出：「愚蠢自身即負擔。」這和上帝之子耶穌的話❶比起來，真要算是確確實實的金玉良言了。

---

❶ 耶穌曾說：「愚人的生活比死亡還要糟糕。」原文為：Omnis stultitia laborat fastidio sui.

天才享受閒暇，蠢人被閒暇消耗

　　大腦被人們視為人體的寄生物，好像它就是寄居在身體裡的幫傭：生存之外得以休息而產生的閒暇，乃是一個人充分享受自己意識和人格的時間。

　　一般而言，生存是辛苦操勞和奮鬥。但極度閒暇又會為人們帶來什麼呢？無聊和沉悶；當然，感官的快樂和愚蠢的行為將閒暇占據時的情況除外。透過人們消磨閒暇的方式，我們看到，有價值的閒暇是多麼少。就像義大利詩人阿里奧斯托（Ludovico Ariosto）所說的那樣：「虛度光陰的無知者是多麼悲哀啊！」凡夫俗子只關心如何打發自己的時間，而天才考慮的卻是如何好好利用它。

　　智力有所局限的人很容易煩惱，其中的原因是，他們的智力純粹只是服務於其意志，不過是一種媒介。不管什麼時候，他們推動意志運作的動力皆

無新奇，亦無法靠自己推動，導致意志停滯不前，那麼理解力也就告假休息了。

而由於智力與意志同步平行，所以他們的智力不會自動活躍起來，而是需要外在的刺激推動。智力凝滯其結果便是，人身上的所有能力都變得停滯遲鈍，陷入無聊。

為了將這種可悲的感覺消除，人們便會去做一些瑣碎的事以求片刻的快樂，並期望以此喚醒意志、啟動智力；因為後者是實現這些意志的動力。

這些活動相較於真實自然的運動，就猶如紙幣比之於強勢貨幣，因為它們的價值只不過是隨意決定的。紙牌以及諸如此類的遊戲，就是出於這個目的而被發明出來的。

如果沒有什麼別的事情可做，他們就會不斷敲擊桌子或玩弄自己的大拇指；對他們來說，雪茄同樣是一種鍛鍊智力的受歡迎的代替品。因此，在各個國家，玩牌也就成了社交場合的主要消遣。

玩牌正是衡量一個人思想是否空虛的標準和外

在標誌，因為這些人沒有可供交流的靈魂，而只能玩牌，或者試圖去贏取別人的錢財，真是可憐！

但我不想不公正地壓制這樣的想法：要替玩牌者辯護，的確可以說，玩牌是為了進入世俗生活以及從事商業活動而做準備，因為人們透過玩牌，便能學會如何巧妙地利用那些偶然而又不可改變的情況，從中盡量獲取所渴求的東西，為此他必須學會掩人耳目，學會用漂亮的裝飾來掩蓋商品的低劣。

但在另一方面，正是出於此原因，玩牌是一種傷風敗俗的行徑，因為它全部的目的就在於用各種詭計和技巧，不擇手段地去贏得本來屬於別人的東西，而在牌桌上養成的這種習性，會在實際生活中生根發芽，開花結果。

這樣，人們在日常生活中，就會將他的財產、權力同牌桌上贏得的一樣看得輕巧；並認為，一旦得到法律的允許，他便可以盡可能地利用所掌握的每個有利條件，這方面的例子在商業活動中隨處可見。

閒暇乃是生存開出的花朵，又或者毋寧說是生

存的果實，閒暇使人回歸到真正的自我，確實，只有自身具備某些真正價值的人，才能稱得上是幸福的。

但大部分人從閒暇中能得到什麼呢？只有一無是處罷了，他們極其厭煩毫無思想的自己，覺得自己是個包袱。讓我們為之慶幸吧，親愛的朋友，因為我們不是奴隸的孩子，而是自由的孩子。

人最終只能靠自己

　　進一步來說，正如沒有什麼國家比不需要或只需要進口很少商品的國家生活得更美好了，同樣，如果一個人自身擁有豐饒的精神財富，對外在的生活條件沒有需求或需求極少，那他就是一個幸福的人。

　　因為進口物品價格高昂，進口貨物的需求具有依賴性，又會導致危機，為人們帶來煩惱。這些物品只不過是本土產品的劣質替代品而已，人們不應當從他人或對一般而言的外部世界要求過多，一個人能給予別人的東西極為有限，每個人最終都得孑然一身，此時，最重要的是這孤獨的人到底是誰。

　　所以，這裡有另外一條普遍的真理，歌德在《我的生平 詩與真》（*Dichtung und Wahrheit*）中對此有著清楚的認識：「無論經歷什麼事情，人們最終都不得不求助於自己。」或者像愛爾蘭詩人奧利

弗・戈德史密斯（Oliver Goldsmith）在《旅客》（*The Traveller*）一書中寫的那樣：

> 無論身在何地，我們只能把自己託付給自己。
> 運氣要靠自我創造或尋找。

「自我」是人們獲取美好事物最偉大的源泉。人們在自己身上發現快樂的源泉越多，他便越幸福。所以，亞里斯多德指出過這樣一條偉大真理：「幸福屬於那些能夠自得其樂的人[1]。」

能生成幸福的外在因素，就其本質而言，都是不可靠、不確定、極為短暫和偶然巧合的。因此，即使在最為有利的條件下，它們也很容易消耗殆盡，並且這是無法避免的，因為我們不能輕易控制它們。

到了老年，這些原本能產生幸福的源泉都一定會枯竭 —— 愛情的美好、聰明才智、旅行的興趣、

---

[1] 參見《歐德謨倫理學》第 7 卷第 2 章。

馬背上的歡樂，以及社交的激情都離我們越來越遠，甚至連親人、朋友也都被死神從我們身邊一一帶走。

這時我們就更要依靠自己內在的豐盛，唯有這種內在精神才能長久地陪伴我們。不過不管在哪一年齡階段，這樣的內在都是真正的並且是唯一持久的幸福來源。

在這個世上，人們能得到的事物本就不多，世界到處充斥著悲哀和痛苦，而對於僥倖逃脫了悲哀和痛苦的人來說，尚有無處不在的無聊厭倦正等著他，他別無選擇。邪惡總是占上風，愚蠢往往最喧囂。命運殘酷無情，人類孱弱可憐。

在這個世界上，擁有豐富內在的人，就像在十二月的夜晚，數九寒天的冰天雪地裡，擁有一間明亮溫暖、充滿幸福的聖誕小屋。所以，**誰擁有這種優秀而豐富的人格，誰無疑便能獲得世界上最為幸福的命運，儘管命運的發展結果並不一定最為光輝奪目。**

瑞典女王克里斯蒂娜（Drottning Kristina）在十九歲時對笛卡兒（René Descartes）進行評論時說的話

聰明至極。她透過人們對笛卡兒的傳聞以及一篇文章中得知他在荷蘭極其孤獨地生活了二十年之久，她說：「笛卡兒先生是最幸福的人，他的處境真是太令我羨慕了。」

當然，一個人要想像笛卡兒這樣，還必須要有足夠有利的外部條件，使他能成為生活和幸福的主人；或者正如我們在《傳道書》（*Ecclesiastes*）裡所看到的：「智慧和產業並好，而且見天日的人得智慧更為有益。」

誰要是在天性和命運中被賦予了智慧，那他最為關注和渴望的，就應是維護他固有幸福的基礎。

為了達到這一目的，人就必須能夠獨立自主並且擁有閒暇，這樣他才會甘願克制自己的欲望、節制自己的娛樂消遣。因為他的愉悅並不像其他人那樣局限於外部世界。

因此，他不會因追求加官晉爵，牟取錢財、好的名聲或他人的讚譽而誤入歧途，也不會放縱自己滿足低俗的欲望和粗鄙的趣味；在這種情況下，他就會

聽從古羅馬黃金時代詩人賀拉斯在〈致麥凱納斯〉的書信中對其的勸告。捨棄其內而求之於外，為了外在的榮耀、富貴、名聲等放棄心靈的平靜以及閒暇和獨立，是一種極為愚蠢的行為。然而，歌德正是這樣做的。我的樂趣卻來自另外不同的方向。

我在這裡堅持的真理，即**人的幸福主要源自人的內在**，在亞里斯多德的《尼各馬可倫理學》（*The Nicomachean Ethics*）❷中有極為精當的評說。亞里斯多德認為，一切快樂都是以人的某種活動、某種能力的作用為先決條件的，離開了這一先決條件，快樂也就無從談起。他還認為，人的幸福就在於盡情地施展他最優秀的能力。

著名古希臘文選編者斯托拜烏斯（Stobaeus）在詮釋逍遙學派（Peripatetic School）時也確切地闡明了這一思想，他說，幸福意味著在所做的一切事情上，行動具有魄力且取得了期待的效果。

---

❷ 參見《尼各馬可倫理學》第 1 卷第 7 章，第 7 卷第 13、14 章

他解釋說，「魄力」這個詞指的是駕馭一切事物的能力，不管這事情是什麼樣的，自然賦予人那些力量的最初目的，就是使他有能力去和那些所有困擾他的難題鬥爭，一旦鬥爭停止了，那些沒有被運用而發揮作用的力量就會成為他的負擔，因此他必須用這些力量來工作和娛樂，否則便會立刻陷入無聊的痛苦。

沒有真正的需要，就沒有真正的快樂

上層社會的富人們是受無聊折磨最深的犧牲品。古羅馬詩人盧克萊修（Titus Lucretius Carus）在很早以前就曾描述過富人們的可憐模樣。直到今天人們仍然覺得他的描述包含著真理：

那厭倦於待在自己家裡的人，
常常離開他偌大的房屋到外面去，
但是他立刻就折返，
因為在外面也不見得有什麼好。
他騎著他的馬疾馳而去，
瘋狂地奔往他的別墅，急急忙忙，
好像趕去幫忙救一座著了火的房子。
當他的雙腳一踏進門檻，
他就立刻打起呵欠來，

或者昏昏沉沉地想睡覺，

尋求著把一切都忘卻，

或者急急忙忙地再趕回城裡[1]。

　　這樣的人在年輕的時候，一定有旺盛的精力和體力——那是與心靈力量完全不同的力量，這些活力並不能長久地保持充沛，到了晚年時，他們在精神上的力量就消失殆盡，也沒有意圖發揮這些力量的思想，因此他們處境困頓窘迫。

　　但他們還擁有唯一沒有枯竭的力量，那就是意志。他們使用易使人激動的興奮劑用以刺激自己的意志，例如，在靠運氣取勝的遊戲中下很大的賭注——這無疑是一種最為墮落的惡習。

　　也許有人會膚淺地認為，如果一個人覺得自己無事可做，那麼就必須得選擇一種能夠運用他所擅長之事的娛樂，例如打球、下棋、打獵、繪畫、騎馬、

---

[1] 參見盧克萊修的《物性論》(De Rerum Natura)，第186頁。三聯書店，1958年版。

打牌，或研究文章、音樂、詩歌或哲學，或對於其他科學和藝術那只有一知半解的業餘愛好。

我們可以對人類能力的所有外在表現根源進行探究，也就是把這些愛好還原成三種生理基本能力或因素。而且，需要撇開任何有益的、明確的目的，把這些能力的發揮和活動看作引起潛在快樂的三種根源。每個人根據他所擅長的某一方面，都會有適合自己的一類快樂。

▪ **第一類**：是旺盛精力導致的快樂，包括飲食、休息和睡眠。這些快樂在世界上各個不同的地方具有不同的特點和特色。

▪ **第二類**：是發揮強健體力產生的快樂，如散步、跑步、跳舞、擊劍、騎馬以及其他各種類似的體育消遣，這種需求採取的形式不同，有時是運動，有時甚至是軍事生活或純粹的戰爭。

▪ **第三類**：是由感受力（Sensibility）所引起的快樂，如觀察、思考、感受，或鑑賞詩歌文化、演奏音樂、學習、閱讀、沉思、發明、思考哲學以及諸如

此類的事物。

　　至於每種快樂的意義，相對的價值以及所能維持的時間，可以談論的或許還有很多，但是我想還是讓讀者們自己來補充好了。

越有自我思想的人越快樂

我們都會意識到，發揮自我的能力越傑出，那麼它所產生的快樂便越多；因為快樂總是以運用、發揮我們自己的能力為前提，必須經常不斷地感覺到快樂，才能構成幸福。

在這一點上沒有人會否認，感受力的快樂要比旺盛精力與發揮強健體力這兩種基本快樂更為優越，因為感受力是區分出人和動物的關鍵優勢，畢竟另外兩種快樂也存在於野獸體內，只是比人類的程度上更高一些而已。精神的力量乃是感性的形式，所以卓越的感受力可以使我們獲得與心靈相關的快樂，亦即所謂的理智的快樂。感受力越卓越，所獲得的快樂便越多。

能讓尋常人特別感興趣的，只有那些能使他的意志激動起來的事物，也就是說，是一種能讓他個

人受益或高興的關鍵要素。然而我們至少能夠這樣說，不斷地刺激意志絕非一件純粹的好事；換句話說，它多多少少包含著痛苦。

紙牌遊戲這種隨處可見的「優雅社交」，便是為了提供這種刺激而發明的。但它帶給人們的樂趣是如此短暫、輕微，所產生的結果反倒是真正的、永遠的痛苦。實際上，紙牌遊戲無非只能激動激動意志罷了。

另一方面，能使才智卓越的人產生濃厚興趣的，只有那些與知識相關的事物，這般興趣不摻雜任何意志成分，而且是這類人的本性使然。這便使其置身於一個排斥痛苦的境界，猶如置身神聖的雲霄，無比安然地生活在那裡。

來看一看這兩幅畫面吧：芸芸眾生的生活渾渾噩噩，單調乏味的經歷，為了個人的安逸，專事於渺小的、微不足道的福利，並為此苦苦奮鬥，不辭辛勞，其實是完全的痛苦。一旦達到了那些外在目的，並且不得不依靠內在時，無盡的煩惱就會困擾他

們。此時，這類人只有得到瘋狂的熱情鼓勵，才會再去從事某種活動。

另一方面，我們會看到，擁有極大精神力量的人，也就是才智卓越者，過著思想豐富、充實多彩、意味無窮的生活，一旦他不受約束地去從事這些工作，那些客觀對象便有了價值，並且變得妙趣橫生，最為愜意的愉快便從他自身湧現。能夠刺激這類人的外在事物大都來自大自然的傑作，激發其對人生、對偉大的時代和各個偉大國度所取得之輝煌成就的沉思。只有這種人才可以完全欣賞這一切，因為只有他才能真正理解和感知到這些況味。

傑出人士因獲得這些才智卓越者的賞識而活，至於更多的其他人，僅僅是偶然聽到傑出人士的名號，都只是囿於一知半解。

當然，才智卓越者的這種特性意味著，和其他人相比他有更多的需求，他需要學習、觀察、研究、冥思苦想、實踐，簡言之，這類人需要沒有任何干擾的閒暇。

這正像伏爾泰（Voltaire）所說：「沒有真正的需要，就不會有真正的快樂。」天性中對大自然、藝術和文學中各種各樣美好事物的需要，是他能夠理解快樂的原因，而其他的人則拒絕接受快樂。

如果一個人既不欣賞這些快樂，也不想得到這些快樂，那麼即使他的周圍滿是快樂，他也會像垂死的老人陷入愛情一樣，完全白費心力；而人一旦超人一等，便會過上雙重的生活，一種是肉體生活，另一種是精神生活；後者逐漸被人看成真正的生活，而前者則被認為只是達到後者的手段。

但對於有些人來說，這種膚淺空虛、憂慮煩惱的生存方式才是他們唯一追求的。相比他們的所有其他消遣，才智卓越者更加偏愛精神生活。由於洞察力日益敏銳，知識持續增長，這種精神的生活變得越來越連貫一致，他的見識日益擴展，並形成一個越來越完善的整體，就像一件逐漸變得完美的藝術品。

與精神生活相比，那種以追求肉體安逸舒適為目標，且範圍寬泛、實質膚淺的生活，顯得多麼無聊

可悲。然而，正如我已經說過的，在本質上，這種卑劣粗俗的生活方式是人們追求的。

日常生活中，我們如果沒有受到激情的刺激，便會感到無聊厭煩、枯燥乏味；一旦有了激情，生活又會很快變得痛苦不堪。

只有那些被自然賦予了超凡才智的人才是幸福的，他們被自然賦予了必須聽從其意志命令以外的額外理智；這能夠讓他們在投入精神生活的同時，還享有一種沒有痛苦且趣味橫生的生活。

僅僅擁有閒暇，是遠遠不夠的，理智不單單只是為了意志服務，必須具備實在的超人力量，也就是理智的力量不只能服務意志，也能有餘地分配給精神生活。正如塞內卡所說：「無知者的閒暇莫過於死亡，是活人的墳墓。」隨著實在的能力變化，精神的生活也發生變化，所以精神的生活可以永無止境地展開。

精神的生活或許僅僅是收藏各種昆蟲、鳥獸、礦石、錢幣，或者是文學與哲學的最高成就聚集起來

的標記符號，但它既能抵禦煩惱，也可以防止煩惱的有害影響。它使我們避免不好的社交，以及許許多多的危險、災難以及奢侈浪費。

　　而那些完全是在外部世界建立自己幸福的人，則無可避免要遭遇這一切。例如，雖然我的哲學從未替我贏得一個小錢，但卻讓我避免了許多損失。

內在的富足才是真正的富有

常人將其身外之物視為生活幸福的根據，如財產、地位、妻子、兒女、朋友、社交，以及像這樣的一切；因此，一旦失去了這些，或者對這些的幻想破滅，使他幸福的基礎也就完全崩潰了。

換個說法就是，他的重心在自身之外。因為他的各種願望和奇怪想法總是在不斷地變化，如果他是一個擁有財富的人，那麼他的重心有時是自己的鄉間住宅，有時則是良種馬匹，或舉行宴會，或出外旅行；簡單地說，要過著極盡奢華的生活，因為他只能在其所擁有的身外之物中尋找快樂。

就像有些人，不再健康且已沒有足夠的力量，並也不再去開發利用他自己的生命力——這才是他失去之物中真正重要的，然而他卻試圖用果漿和藥物來重獲健康和力量。在對相反情況進行討論前，首

先得比較一下介於兩個極端情況中間的人，這種人並沒有傑出的精神能力，但其才智又超出了一般人。他對藝術的愛好僅限於粗淺的涉獵，或者只對某類科學的分支，例如植物學、物理學、天文學、歷史等產生興趣，並從這種研究中得到極大的樂趣。當那些引起幸福的外在推動力一旦枯竭，或者無法滿足他時，便就可以靠這些研究來取悅自己。對於這樣的人，我們可以說其重心有一部分已存於他自身內。

但對於藝術的純粹愛好與前述的創造性活動有很大的不同；對科學的業餘研究容易停留在表面，且無法觸及問題的實質。人不應當將自己的身心完全投入到這樣的追求上，或者讓整個生活被這些追求完全占據，以至於對除此之外的任何事物都失去興趣。只有最超絕的心智，也就是被我們稱為天資的東西，才能對所有的時代和一切存在進行研究，並盡力表達其對世界的獨特見解，無論是將生活看作詩歌或哲學的主題。

因此，對於天才來說，最為迫切的需要是不受

外界的干擾，以便忙於自己的思想及作品；他樂於孤寂，閒暇給他愉快，而其他一切都是多餘的，甚至那不啻是一種負擔。

只有這樣的人，才可以說他的重心完全在他自身；這就說明了，這樣極其稀罕的人，無論他們的性格多麼好，也不會對朋友、家庭或民眾表現出過多的熱情和興趣，而其他人則經常如此。

只要天才擁有自己，那麼就算失去了其他任何東西，他們也不會感到沮喪。他們的性格因此有了孤寂的基礎，由於其他人絕不能讓他們感到滿意，因而這種孤寂對天才就更加有效。

總體來說，他們就如同本性和別人不同的人，因為他們時刻能強烈地感到這種差別，所以也就習慣了作為另類的人生活在人群中，想到他人時，這類人用「他們」來指稱人類，而非「我們」。

所以，最終可以得到這樣的結論，**被自然賦予理智財富的人是最幸福的人**，主觀世界比起客觀世界和我們的關係更緊密；因為不管客觀事物是什麼，都

只能間接地、以主觀的事物為媒介才能發揮作用。

弗洛伊德之孫盧西安（Lucian）說：「靈魂的內在財富才是唯一真正的財富，其他財富甚至會導致極大的毀滅。」內心豐富的人對於外在的東西沒有任何要求，但需要與之相反的閒暇。他需要閒暇鍛鍊和發展自己的心力，即享受「自己」這種內在財富；簡單來說，在他的一生中的每個時刻，他只需要表現自己。

假如他註定要用這種特性的心靈對整個民族產生影響，那麼衡量他是否幸福的方式只有一種——是否能夠完美發掘自己的能力，完成自己的使命。除此之外，其他一切都無關緊要。

因此，每個時代裡最有才智的人，都視無干擾的閒暇為最大價值，就好像它和人本身同樣重要。「幸福由閒暇構成❶」，亞里斯多德這樣說過。據羅馬作家第歐根尼・拉爾修（Diogenes Laertius）記

---

❶ 參見《尼各馬可倫理學》第 10 卷第 7 章。

載：「蘇格拉底認為我們所能擁有最美好的東西就是閒暇。」

所以，亞里斯多德在《尼各馬可倫理學》一書中，將獻身於哲學的生活稱為最幸福的生活；他在《政治學》（*Politics*）中也曾說過相關的話：「不管什麼才能，只要得到自由地發揮，就是幸福❷。」歌德在《威廉・麥斯特的學徒歲月》（*Wilhelm Meister's Apprenticeship*）中所說的也與此完全一致：「生而有天賦，並且要發揮這種天賦的人，在發揮其天賦時就會得到最大的幸福。」

然而，擁有無干擾的閒暇，對普通人的命運來說註定是難得的，並且它亦不屬於人的本性，因為一般人註定要終生為他自己以及家人謀求賴以生存之物，他為求得生存而艱難支撐，沒有過多的智力活動。

所以，無干擾的閒暇很快就會使一般人感到厭倦，如果不能透過一些幻想的、虛假的目的來占有

---

❷ 參見《政治學》第 4 卷第 11 章。

它，如玩樂、消遣，以及其他嗜好，人生便會成為一個沉重的負擔。基於這個原因，閒暇還會為人們帶來種種可能的威脅，正如格言所說：「一旦無所事事，難以保持平靜。」

在另一方面，理智太過超常也是反常的，亦即違反自然的。但是如果真有這樣一個擁有超常理智的人，那麼，無干擾的閒暇對於他的幸福便是必不可少的，儘管對於其他人來說，閒暇是難以負擔的、有害的；一旦缺少了閒暇，他便會猶如套上韁繩的佩加索斯❸，遭遇不幸。

如果上述這兩種情況，即外在的無干擾閒暇與內在的超常理智，碰巧在同一人身上結合，那便是一種極大的幸運；如果結局夠令人滿意，那麼這個人就會享有更為高級的生活，這種生活將免於痛苦和無聊，免於為生存而疲於奔命，也具備能夠享受閒暇人

---

❸ 佩加索斯（Pegasus）：希臘神話中的動物，形似駿馬，但長有翅膀，傳說被牠踩過的土地會有泉水出現，詩人只要喝下泉水，便會產生靈感。

生的能力 —— 這本身便是自由自在的象徵,而對普通人而言,唯有任外在刺激和內心無聊彼此中和抵消,才有機會在痛苦中得以喘息。

知識越多，煩惱越多？

　　然而，社會上存在一些和這種看法相反的說法。強大的智能天賦意味著性格極為神經質，因此對各種形式的痛苦的感受能力被大大加強了。

　　而且，這種天賦也象徵性格狂熱執著，想像更為誇張鮮明。這種想像力和強大的智能如影隨形，不可分離，具有這種超群想像力的人會因它產生程度相應的強烈情感，較輕微的情感就能使其深受其苦。

　　而由於世界上的事情，導致痛苦的要多於引起快樂的，因此他們的情緒常常不平衡。

　　強大的智能天賦使得擁有它的人遠離其他人及其所作所為；因為一個人自身心靈越豐富，他在別人那裡所能得到的便越少，別人感興趣的許多事物，在他眼裡既淺薄又乏味，這裡也許存在著那隨處可見的補償法則例子。有人經常似是而非地說，實質上心

靈狹隘的人是最幸福的人，雖然並不會有人羨慕他的這種幸運。關於這一點，除非讀者自己已做出判斷，否則我不打算表明我的看法。特別是因為希臘悲劇作家索福克里斯（Sophocles）在這一問題上給出了兩種完全相矛盾的意見。他說思想是「幸福最主要的因素」；但在別的地方，他又說「沒有思想的生活是最快樂的生活」。

在《舊約聖經》裡，哲人們也發現他們自己面臨同樣的矛盾。如《聖經外傳》上寫道：「相比死亡，愚昧無知的生活要更為可怕。」而在《傳道書》中又說：「因為多有智慧，就多有愁煩；加增知識的，就加增憂傷。」

別做沒有精神追求的庸人

　　精神空虛貧乏的人因為具有狹隘偏執、平庸流俗的智力，所以嚴格地說，只能被稱為「庸人」（原文為 philister）。這是德語的一種特殊表達，源自大學裡所流行的俚語；後來，這一名稱在使用的過程中透過類比的方法有了更深的含義，但它仍保有原來的含義，意思是被繆思女神遺棄的人，所謂「庸人」便是沒有靈感的人。

　　我寧願採取更為偏激的觀點，將「庸人」定義為自以為實際、而卻為實際上並不真實的現實而忙忙碌碌的人；但這樣的定義還僅僅是一種抽象模糊的界說，所以比較難理解，在這篇文章裡出現這樣的定義幾乎是欠妥的，因為本文所採用的是大眾的視角。如果能夠明確地將庸人的那些特質揭示出來，那麼我們就能很容易地闡明關於庸人的定義。

我們可以說庸人們是缺少精神需要的人。由此可以得出：首先，對於自身，他沒有精神上的快樂；如前所述，沒有真正的需要，就不會有真正的快樂。庸人們並沒有獲取知識的欲望及為他們自身著想的遠見卓識，也不曾追求富於真正審美樂趣的體驗，使他們的生活灌注活力。

　　如果某種快樂在上流社會受到歡迎，那麼這些庸人便會強迫自己趨之若鶩，但他們所發現的快樂卻非常有限。對他們來說，真正的快樂只能由感官引起，庸人認為只有這種快樂才能彌補其他方面的損失。在這群人看來，牡蠣和香檳酒便是生活的最高境界。

　　庸人生活的目的，就是為自己獲取能帶來物質福利的俗物。雖然這亦會為他們帶來一些苦惱，但他們的確會為此感到幸福。而若從一開始就讓他們沉浸在奢侈豪華的生活之中，庸人就會不可避免地感到無聊和煩惱。

　　為了解除苦惱，他們玩球，打牌，看戲，跳

舞，飲酒，旅行，賽馬，等等，但所有這些並不足以使人免於煩惱，因為缺少了精神的需要，也就不可能有精神的快樂。

因此，庸人們有一個特徵，那就是呆滯愚笨，麻木不仁，類似於動物。沒有什麼東西能使他們高興、激動或感興趣，那種感官的快樂一旦消散，他們的社群便馬上成為負擔，有人或許便會厭倦打牌了。

無論如何，他們還剩下浮華虛榮的快樂，庸人能夠透過這些虛榮來享受自己實實在在的快樂，如果他們感到自己在財富、社會地位上，或者權勢及影響力方面，都高人一等，並以此獲得他人對自己的尊重；或者去追隨擁有這些東西的人，借他們的光輝來榮耀自己，就成了英國人所說的「勢利鬼」。

其次，從庸人的本性來看，由於沒有精神的需要，只有物質的需求，所以他們在與他人的交往中，會尋求那些能夠滿足自己的物質需求，而非精神需要的人。

從朋友那裡得到任何形式的精神財富，都將被

庸人視為最無關緊要的事情；而且，當他們碰巧遇上別人擁有這種突出的能力時，反而會引起反感，甚至憎惡。

原因非常簡單，因為庸人有著令人不快的自卑感，以及在內心深處感受到的一種愚蠢的妒意，而他們只能小心翼翼地把這種妒意隱藏起來。

但這樣一來，這種妒忌就會變成一種深藏不露的積怨。儘管如此，庸人也永遠不會想要讓自己的價值或財富觀念提升到同這樣出眾性質的標準一致。

他們持續地追求著地位、財富、權勢和影響力，在他們眼裡，只有這些才是世界上真正一本萬利的東西；他們志在使自己擅長在這些方面謀取福利，這便是沒有精神需求之人的結局。

所有庸人最大的苦惱就在於對理想毫無興趣，為了免於苦惱，就不斷地需要實實在在的東西，而這些東西不僅無法使人知足，也相當危險。

一旦對這些失去了興趣，他們便會疲憊不堪。相比較而言，理想的世界是平靜的，且廣闊無邊，它

是「來自我們憂傷領域之外的某種東西❶」。

---

❶ 在上述有關個人品性為人帶來幸福的論說中，我關注的主要是人的自然的和理智的本性。至於道德對幸福的直接和間接影響，請參照我的獲獎論文《論道德的基礎》(*On the Basis of Morality*，22)。

「任何離群索居的人謀求快樂時，
　　依靠的都是自己的所有，
由此他的內在所有便會暴露無遺。」

Part 3

做幸福的主人，不做財富的奴隸

很多人發現自己有著無盡的需求，其原因就在於，
當他們有錢時，就靠花錢解憂，
以便從折磨他們的煩惱中得到片刻解脫。

財富如海水，喝得越多越口渴

偉大的幸福論者伊壁鳩魯（Epicurus）將人的需要分為三類，他所做的劃分自然無比精妙。

■ **第一種**：是自然必需的需要，如衣服和食物，以及其他一些極易得到滿足的需要。當這種需要不能得到滿足時，便會產生痛苦。

■ **第二種**：是自然但不是必需的需要，如某些感官的滿足。在這裡我要附帶說明一點，根據第歐根尼·拉爾修的記載，伊壁鳩魯並未指明是哪些感官；因此，和他的這個學說相比，我在這一點上的闡述會稍加修飾，而從這種需求就難以輕易滿足。

■ **第三種**：是既非自然又非必需的需要，它們是奢侈、排場、身居要職、光宗耀祖的需要，這種需要

沒有止境，更加難以滿足❶。

　　要確定理性對渴求財富的欲望施加影響的程度多寡也是非常困難的，因為使人感到滿足的財富量並非絕對不變或明確有數的。財富的數量只是相對而言，也就是說，正好在一個人所求和所得兩者之間維持著一定比例。因為只根據一個人所得的而不根據他所希望得到的來衡量他的幸福，就如同寫出一種只有分子而無分母的分數來，是一樣的無效。

　　失去從來不會引起需求的東西，我們是不會有什麼感覺的；沒有它們，我們依然幸福。而另一方面，如果想得到某種東西卻無法得到，其原先就有的東西即便再多，也會讓人沮喪苦惱。

　　因此，事實上，每個人都有自己的標準，而我們希望在這一標準內，能得到盡可能多的東西。在這一標準內的事物，只要有信心獲得，便會感到幸

---

❶ 參見第歐根尼・拉爾修《哲人言行錄》(*The Lives and Opinions of Eminent Philosophers*) 第 10 卷，第 27 節，第 127～149 頁。

福，否則，便會苦惱。超出這標準的事物，對我們根本沒有影響。因此富人的豐厚家產並不會令窮人激動難安。

相反，富甲一方的人也無法用財富告慰自己希望的破滅。有人說，財富如海水，喝得越多越是口渴，名聲也是如此。除了最初的痛苦，失去財富並不會使他從前的習性改變。

原因就在於，一旦無法擺脫財富數量減少的命運，人們便會自動減少自己所要求的數量。但不幸一旦降臨，適應降低要求的過程就是最為痛苦的事情了。如果我們一旦照此做了，痛苦便會越來越小，直至不存在，這就如同已經痊癒的舊傷口。

相反，一旦好運降臨，我們的胃口便會越來越大，直至無所約束。這種急速膨脹的感覺讓人快樂。但這種感覺膨脹的過程一旦結束，快樂也就消失得無影無蹤了。我們習慣了欲求不斷增長，因而對於能達到這些需求的財富便不再關心。

《奧德賽》（*Odyssey*）中有一段話揭示了這一真

理，我引用最後的兩行：

> 人們靜思塵世的思想，
> 如同人神之父所予的白晝。

當我們無力增長能滿足各種欲求的財富，便會因不斷努力想增長財富的欲望而受盡折磨。

一想到人類的需求如此之多，而人類的生存亦建立在這些需求上，我們便不會驚訝於財富為何會贏得比世界上其他東西都更為純真的敬意與極大的榮耀；對於有些人認為只有謀利才能使生活變得更好，而不能達成此目的的其他所有事物，例如哲學家從事的哲學都可棄之不顧，我們也就不必疑惑不解了。

渴望金錢大過一切，熱愛金錢勝過所有的人常備受譴責，但作為人來說，喜歡那不知疲倦、多變如海神普羅透斯（Proteus）般，即想變成什麼或想要什麼便能得到滿足的金錢，是自然且甚至無法避免的。

其他的任一事物都只能滿足一個願望或一種需

求，如食物，只有在飢餓時才是美好的；酒，只有在被享受時才為人所愛；生病時需要藥物，皮裘能抵禦冬天的嚴寒，愛情能滿足年輕人的情感，諸如此類。這一切的滿足都只是相對的，只有財富的滿足才是絕對的，因為財富不但能滿足我們對於某一特殊事物的具體需要，也能滿足我們其他的需要。

窮人更容易奢侈揮霍

　　如果一個人擁有一筆財富，有幸不受饑寒之苦，可以過閒適自在的生活，那麼他便會將此當作抵禦自己可能遭遇的多種痛苦和不幸的保障；他不會認為，為了獲得人生的快樂便可以肆意放縱，或者用這種方式不負責任地揮霍錢財。

　　生而沒有這一殊榮，但充分發揮了自己所有的才幹，終成巨富的人，常將自己的天賦看成自己的資本，而所賺取的錢財只是這一資本所生的利潤而已。如果只獲取了永久性資本的部分收益，他們是絕不會甘休的。而一旦堆金積玉，他們便大肆揮霍。所以，他們又常常再次陷入窮困，收入不斷減少，到最後完全沒有進項，原因就在於其才能的枯竭或時過境遷，他們的天才已沒有用武之地——在優秀的藝術家那裡，這樣的事情經常發生，而且，他們的才能只

有在適當、特殊的環境裡才有效益，一旦環境改變，他們的才能便不再奏效，收入亦銳減。

工匠則不受這種限制，因為他們的手藝不會消失，即使某人失去了手藝，同行的夥伴也盡可以替代，而且永遠都有人購買他們的商品。所以有一句格言道出了事情的真諦：「一門有用的手藝就是一座金礦。」

然而對於所有藝術家和專家來說，情況則大不相同，這也是他們報酬優厚的原因。他們應當將自己的部分收益當作資本，但實際上卻不計後果地只將這些收益當成利潤，結局只能是日益窘困。

此外，那些繼承了錢財的人，至少清楚該怎樣區分資本和利潤，而且大部分人都努力保全他們的資本，使之免受損失。如果能力所及，他們至少會存起八分之一的利潤以備將來的緊急之需，所以他們中的大部分人都能保住自己的地位。

但上面有關資本和利潤的陳述，在商業生活中並不適用，**金錢對於商人來說，就好比工具對於工**

人，只是用來獲取更多利益的媒介。

因此，即便他們利用手中的資本，完全達到了他們為之努力的目的，他們仍然還會用它來保有財產並使資本增值。所以，財富在任何地方都不會像在商人階層裡那樣，被當成極其平常的事物。

我們可以想見，比起家境富裕、僅聽聞貧困的人，那些真正知道和切身體驗過貧困的人更不會去為需求而擔憂，因而就更容易奢侈揮霍。

一般說來，成長於優越環境的人，事實上比起那些憑運氣突然擺脫貧困的暴發戶，對待未來要更為慎重、認真，在生活上要更為節儉。這樣看來，貧窮倒好像並非一件真正讓人痛苦的事情了。

然而，其中真正的原因在於，財富在生而富有的人眼裡就像空氣一樣重要，失去便無法生存；所以他們便會像保護自己的生命一樣來保衛它。因此，他們喜歡有條不紊、謹慎、勤儉節約的生活。

生而貧困的人則將貧窮看得十分自然，如果僥倖擁有財富，他們會認為它過分多餘，因而要用它來

消遣和揮霍，即便最後一無所有，貧困者仍然和從前一樣，且不必為金錢憂慮，正如莎士比亞在《亨利六世》（*The Second Part of King Henry the Sixth*）中所說：

……這一格言必被證實，乞丐騎馬，馬不累死絕不下馬❶。

但據說，這種人對於使他們擺脫了貧困、滿足需要的命運以及自己獲取財富的特殊手段，懷著極為堅定執著的信念，而且是全身心地相信。所以，和生而富有的人一樣，他們不會把貧困看成無底深淵。貧困者認為，即使已經徹底失敗，但自己仍能再次觸底反彈，並用這一思想來安慰自己。人類的這一特點可以說明這一事實，即和那些給丈夫帶來豐厚嫁妝的太太相比，婚前貧苦的妻子更為貪心，而且更為奢侈。

---

❶ 參見《亨利六世》第 3 幕，第 1 場。

因為一般而言，富家女帶來的不僅是更多的財產，還有比貧家女更多的強烈意念和遺傳的天性，以保護其財產。

　　倘若有人對這一真理表示懷疑，認為情況恰恰相反，那麼，義大利詩人阿里奧斯托的一首諷刺詩能提供維護其觀點的證據；但另一方面，英國著名文人詹森博士（Dr. Johnson）的一段話則恰恰印證了我的觀點，他說：「出身富裕家庭的婦女，善於管理錢財，她會極為明智審慎地支配金錢；而一個因結婚而第一次牢牢地控制了金錢的女人，則非常熱衷於花錢，窮奢極欲，把錢財花光也就不足為怪了。」

　　總之，我奉勸各位娶窮小姐為妻的先生們，只將利潤留給她們，而不要給她們資產，並且千萬不要將孩子們的財產交給她們來掌管。

財富是把雙刃劍，學會駕馭財富

　　不管怎樣，我認為，在奉勸人們謹慎保護自己所獲得的利益或所繼承的財產時，並不是在漫談某些微不足道的話題；因為生活一開始就需要有足夠使自己可以獨立過活的資產，也就是不需要工作便能讓我們過舒適的日子，即使這僅夠一個人的生活費用，而不能滿足家庭的需要。

　　雖然不能對此給予過高的評價，但也算是一大優勢；因為這使我們免受饑寒交迫之苦，而窮困潦倒就如瘟疫一般，在人們生活的周圍彌漫，自然賦予凡夫俗子們被迫勞作的命運，而資產可將人們從這種命運中解脫出來。

　　只有這樣有命運相助的人，我們才能說他是自由的，即成為自己的時間和能力的主人，才能在每天早晨說：「這一天屬於我自己。」同理，年收入一百

鎊與年收入一千鎊的人之間的差別，和年收入一百鎊與一無所有的人之間的差別比起來，簡直不值一提。

但是，一旦一個具有極高精神力量的人繼承了財產，他便會創造出最大的價值，執意去追求一種和謀取金錢的生活全然不同的生活，因而他倘若獲得了財產，就如同命運給予了他雙倍的恩賜，其天賦便能得到充分發揮；而他以百倍於此的價值來回報人類，並取得了別人所無法取得的成就，他創作了某些作品，所有美好的事物都因之受益無窮，並且他提高了整個人性的尊嚴。

另一種人則或許會用自己所得的財產去從事慈善事業，為自己贏得大家的尊敬。但是，那些對上述事業不感興趣的人，那些不想這樣做的人，那些從未想過要了解某些知識的基本原理以便盡力來提高自己知識水準的人，即便生在富貴之家，也只不過是一個虛耗時光、遊手好閒、卑劣下流的傢伙而已。他不會感到幸福，因為對他來說，需要雖得到了滿足，但會遭受另一種極端的痛苦，也就是無聊的折磨。

倘若他因為貧困而有事可做，情況倒還好一些。一旦遇到無聊而衍生的苦惱，他便更傾向於揮霍浪費，從而失去他所不配的優越之處。

　　很多人發現自己有著無盡的需求，其原因就在於，當他們有錢時，就靠花錢解憂，以便從折磨他們的無聊中得到片刻解脫。

出身貧寒，有時也是一種優勢

　　如果有人以政治生涯上的成功作為奮鬥目標，那就是兩碼事了。在政治生涯中，他人的好感、朋友以及黨派團體都是幫助他加官晉爵、使他平步青雲的重要因素。

　　在這樣的生活中，家徒壁立、一文不名的人是比較容易實現目標的。假如這個人擁有天賦，且胸懷宏願，並非來自門庭顯赫之家，那麼窮困潦倒更能促使他發揮自己的優勢。

　　因為在平常和人相處時，幾乎所有人的最大願望都是要證明自己勝人一籌，這種情況在政界表現得尤為明顯。因此，只有出身寒門的人、自感無論在哪個方面都徹底不如他人的人、一文不名且無足輕重的人，才能夠悄然在政治舞台上獲得一席之地。

　　只有他能做到一直卑躬屈膝、曲意逢迎，如有必

要，甚至會坦然承受所有；只有他能屈從於一切，而又藐視一切；只有他才懂得功勳榮譽一文不值；在必須和上級長官以及達官顯貴交談或通信時，只有他不會粗聲粗氣，魯莽冒失，如果他的上司隨手亂塗了幾筆，他就會大加稱讚，將之譽為妙筆傑作；只有他在幾乎還是孩子時，就知道該如何去討好他人。所以沒過多久，他就成了洞察這一隱藏真理的高級僧侶，歌德揭示了這一隱藏真理：

> 抱怨卑賤下流毫無用處，
> 因為不管人們說什麼，
> 都是它們在支配整個世界。

另一方面，生來便不愁溫飽的人，一般而言，心靈上往往傾向於獨立自主。這類人習慣於高視闊步，或許也會有些濫用天賦，但他應當知道，自己絕不會用這種能力去和那些奴顏婢膝的平庸之輩一爭高低；他終究會看清那些居高位者的卑劣無能，如果高

位者們冒犯了自己，他會表現得倔強與不屑。

　　而若得在這個世界上生存下去，這並不是個好辦法。而且，這樣的人至少會贊同伏爾泰曾直率表達的這一觀點：「即使我們還能再活兩天，但若要討好卑鄙無恥的惡棍，那我們寧可馬上死去。」

　　順便說一句，卑鄙無恥的惡棍是可惡討厭之輩的標誌。尤維納利斯（Juvenal）說：「要問貧窮是否比天賦更重要，那是很困難的。」比起政治抱負及社交願望，這句話更適合藝術和文學的生活。

　　在我的敘述中，一個人的妻子和兒女並不屬於他，倒不如說他的妻子和兒女擁有他。一個人可以擁有朋友，但他同時也屬於對方，因為兩者的關係是相互的。

Part 4

名譽與傲慢的假象

過分地重視他人的看法，

是人類共有的頑疾，

它或許源於人類的本性，

或許是文明以及一般意義上的

社會安排所帶來的後果。

但不管其來源是什麼，

它無疑對我們的所作所為產生了不好的影響，

而且十分有害於我們的幸福。

謊言為什麼受歡迎？

人性有這樣一個非常特別的弱點，即人們通常過分地重視別人對自己的看法，雖然這種看法對自身造成的影響非常有限，不管別人的意見如何，他人看法與自己的幸福並沒有本質的聯繫。

讓我難以理解的是，人人都會因獲得別人好評，或虛榮心得到恭維而由衷地感到高興。如果有人逗貓，貓必定會「喵喵」地叫喚；同樣，如果你稱讚一個人，那他的臉上便會露出甜蜜的微笑。如果受到讚美的事情正是其引以為豪的，那麼即使這種讚美是明顯的謊言，也會受到對方歡迎。

只要被稱讚，即便有天大的不幸，或者，即便他從前述的兩種幸福的源泉中所得甚少，他仍會得到安慰。

相反，人們妄自尊大的心理一旦受到打擊，不

管這種傷害的性質、程度以及情形如何，或者被人忽視，遭人輕蔑鄙棄，便頓生煩惱，有時甚至陷入深深的痛苦之中，這真讓人感到莫名其妙，但確確實實又是這樣。

如果期望受人尊重是基於人性的這種特性產生，那麼它就可以取代德行，對芸芸眾生的康樂產生積極的影響。然而對人們的幸福，特別是對於和幸福渾然一體的心靈安寧與獨立，非但沒有益處，反而擾亂了我們內心的平靜，對幸福產生了損害。

所以，我們認為，盡可能克服這一弱點，並及時地考慮和正確地評價自己的優點、性情和酌情參考他人的意見等等，是非常有益的。因為不論這種意見是否屬於諂媚之詞，還是會導致聽的人高興或痛苦，若能降低對此的敏感性，一個人便不會成為他人意志的奴隸。可見，對一顆渴求讚美的心靈進行擾亂或撫慰都是非常容易的！

別過於在意他人的看法

　　如果正確評估一個人自身的本質與目的價值，我們的幸福就會源遠流長，綿延不絕。前者包括了我們活著時的一切，包括使人活出其本質的事物，簡單來說，包括人格與財產兩類中的一切優點；在此範圍內所發生的一切，都存在於人們自己的意識中。

　　然而，在別人眼中，在我們的領域裡所發生的一切，都存在他們的意識中，而不是我們的意識中；這包括自己在他們眼中的形象，和由此激發的種種看法──我注意到，那些處於人生巔峰，擁有輝煌壯麗的成就和奢侈浮華生活的人們會說：「我們的幸福完全在於自己，因為它存在於其他人的頭頂上」。

　　但是，他人的意識對我們的生存並沒有直接的或最接近的影響，它們只能間接地對我們產生影響。只有在他人評價使我們的行為舉止發生改變

時，它的影響才是直接的；它只有在能夠使我們削弱自己的本質和目的時，才會影響我們。除此之外，他人意識中的一切對於我們都是次要的。

一旦我們看到，大多數人的思想是那麼無知淺薄，觀念是那麼狹隘，情操是那麼平庸粗俗，意見是那麼惡毒，他們錯誤頻出，無比荒謬，我們便會立即對別人的意見置之不理。而且，當我們由經驗得知，有人在背後詆毀他的夥伴，而他並不害怕對方，或者他知道自己的話並不會傳到對方耳朵裡時，他說出口的話將是何等鄙夷！如果將來有機會一窺面對傻瓜時，偉人是如何泰然自若、輕描淡寫，我們就會明白，過度地高估他人所說的話，未免太尊敬他們了。

總之，有人情況極差，他不能在前述的兩種情形中得到任何幸福，只得寄望於第三種幸福中，換句話說，他不能在他自身的本質中找到幸福，而只能寄希望於別人看待「他是什麼」。

但比起他人目光，我們的體格其實才是整個幸福本質的基礎，所以健康是幸福最為本質的要素，其次

是維持我們獨立自主、無憂無慮的生活的能力。一方面，在這兩者之間，既不存在誰更優先的問題，也不能相互替代，並且一切名聲、財富、品秩皆無法比擬；另一方面，如果有必要，人們應為了前者會毫不猶豫地犧牲後者。

如果我們及時認清了這一簡單道理，即：任何人的首要價值以及真正的人生都掌握在自己手中，而並非取決於別人對自己的看法，那麼，根基於個人生活的現實條件，包括健康、氣質、能力、收入、妻子、孩子、朋友、住宅等，對我們的幸福來說，要比別人對我們的看法重要千百倍。認清了這一點，人們便會盡力營造自身的幸福，否則便會苦惱不堪。

如果有人認為，受人尊敬地生活更為重要，那麼他的意思是，和別人的意見相比，美好的生活毫無價值。

當然，這種說法有些誇張，只是用來表明這一實實在在的真理：「如果我們想在這個世界上謀求生存且邁步前進，那麼別人對自己的看法，即名譽，是

不可或缺的。」

　　但，還是必須回到現在這個問題。我們看到人們費盡心機，歷盡千難萬險，畢生所求的幾乎所有事物，不外乎是為了提高別人對自己的評價；我們看到，人們不僅把官職、頭銜、勳章，而且把財產，甚至知識和藝術，作為全部努力的最高目的來追求，僅僅是為了求取同伴們更多的尊敬，這些不正是人類極度愚蠢的可悲證據嗎？

　　過分地重視他人看法，是人類共有的頑疾，它或許源於人類的本性，或許是文明以及一般意義上的社會安排所帶來的後果。但不管其來源是什麼，它無疑對我們的所作所為產生了不好的影響，而且十分有害於自身的幸福。

　　我們可以從以下幾方面進行考查，即起初畏懼他人的意見，且抱著盲從的態度，最終引發這樣一種情感，正是這種情感造成了維吉尼烏斯（Lucius Verginius）將匕首刺進女兒心臟的悲劇，或者誘使許多人為了死後榮耀而犧牲平靜、財富、健康，甚至生

命本身。這種情感，無疑是人們用來控制和支配其同伴極為便利的工具。

因此可以看到，在所有訓練人性的計畫中，保持並進一步加強渴求榮耀的名譽感為何占有一席要地。但是，至於它對幸福的影響，那又是完全不同的另一回事，我們在此處討論的是人的幸福，而且，我們更關注的，是奉勸人們不要過多地考慮他人對自己的看法。

拔除虛榮這根刺

　　透過日常的經驗，我們知道，人們正是在這一點上不斷地犯錯；**絕大多數人極度重視他人的所思所想，更為關注他人的意見，而忽視了自己意識中的思想，忽視了對自己最為直接的事物。**他們顛倒了自然秩序，把別人的意見當成真實存在，而把自己的意識當作某種含混不明的無謂之物。他們本末倒置，捨本逐末，把別人為其所畫的像，看得比本人還重要。他們試圖從那間接存在的事物裡，得到真實而直接的結果，這樣就使他們陷入愚昧的「虛榮」中。

　　「虛榮」這個詞，是對那種追求沒有實在價值之物心理的最恰當表達。這樣的人就像守財奴，忘卻了應當追求的是目的，反而去熱切地追求手段。

　　事實上，我們對他人意見的重視以及為它所做的不懈努力，相較我們在理智上所希望達到的結果

極不相稱。所以，對於這種過分重視別人關注的態度，可以將其看作每個人與生俱來的狂熱。

我們每做一件事，首先考慮的幾乎都是「別人將會說些什麼」。生活中幾乎有一半的憂愁煩惱，都來自在這方面的操心過度。這種擔憂歸根究柢，不過就是一種妄自尊大的情感而已，因為它敏感到了幾乎變態的地步，所以這種自尊心非常容易受到傷害。

我們的虛榮心、裝模作樣、自我炫耀以及狂妄自大，都基於對他人看法的操心焦慮。如果沒有了這種焦慮，窮奢極欲也就不復存在了。任何形式的驕橫，不管其種類或範圍怎樣改變，本質上皆不是為了別的，只不過是憂慮他人會怎麼說而已，然而這種憂慮所付出的代價是多麼大呀！這種憂慮在人生每個階段中都存在，在兒童身上也能看到這一點，而它在老年人身上所產生的影響更甚。因為當年歲漸長，無法再享受聲色犬馬之樂時，浮華虛榮與驕傲橫蠻便會恣意妄為，要求擴大它們的地盤。

法國人就是這方面的最好例子，從古至今，這

種虛榮心時常在法國歷史上出現，有時甚至表現出一股極其荒謬的勁頭，整個民族的虛榮程度達到了滑稽可笑的地步，而其自吹自擂更是尤為無恥。可是，他們的目的並未實現，因為其他人取笑他們，稱他們是「顯貴的民族」。

為了說明這種不正常的、過度重視他人意見的情形，我們可以看看 1846 年 3 月 31 日的《泰晤士報》（*The Times*），其中的一則消息對處死學徒湯瑪斯・韋克斯的細節進行了詳實的報導，這個學徒出於報復的心理，謀殺了他的師傅。在此案例中，無論當下事件背景或人物表現等條件，都和這等精神非常符合。

於是，這些條件相加後，為我們展示出一幅此類愚蠢行徑所導致的顯明畫面，這種愚昧如此根深蒂固地根植於人類的本性之中，並向我們展示他人目光是如何成為這般強大的推力。在行刑的那天上午，這則報導說：「懺悔牧師很早就來到韋克斯面前為他祝福，但韋克斯對這一宗教儀式並不感興趣，他

的舉止有些慌亂，內心焦灼不安，只是因為要在圍觀他的眾人面前顯得勇敢些而故作鎮靜……韋克斯極其放鬆地來到了他在佇列中的位置，當進入刑場時，他就像走進教堂一樣，用足夠靠近他的人聽得清清楚楚的、很大的聲音講了這麼一句話：『現在，就如多德博士所說，我馬上就能知道這個極大的祕密了。』」

「在上絞刑架時，這個可憐的傢伙，沒借用任何幫助就蹬上了絞刑架下的活動踏板，當他走到中心位置時，還向觀眾們鞠了兩次躬，這引起了台下圍觀的人群熱烈地歡呼。」

這真是一個極好的例子，形式最為恐怖的死亡，在他看來，只不過是超脫死亡而獲得永恆的方式罷了。所以，面對死亡，他所關心的，仍只是自己給那些目瞪口呆圍觀者的印象，以及他死後觀眾頭腦中對他的看法，而並不是任何其他。

還有一個叫勒康普特的人也是這樣，時間也是在 1846 年，勒康普特因對國王圖謀不軌而被判死刑，在法蘭克福處決。在審判過程中，勒康普特為

不讓他穿著體面於上議院亮相而感到非常生氣。而在被處決的那一天，他則為不被允許剃頭修面而感到傷心。

我們所知道的這類事情，並非只是現代才有，在著名的騎士小說《古斯曼・德・阿爾法拉切》（*Guzmán de Alfarache*）的序言中，作者馬泰歐・阿雷曼（Mateo Alemán）告訴我們，有許多頭腦發昏的罪犯在生命的最後時刻，卻忙著準備和背誦自己預備在絞刑架下要說的話，忽略了享受靈魂的安樂這一責任，雖然他們應當這樣做。

以上所舉出這些極端的例子，是為了對我所說的意思展開最佳說明，從而放大我們自身的本性；人類所有的憂慮、困擾、擔心、煩躁、苦惱，乃至愁腸百結、盡心竭力，在大多數時候，都是過多考慮別人會怎麼說而引起的。在這一點上，我們的愚蠢同那些可憐的罪犯沒什麼區別。妒忌和仇恨，常常也是源於同樣的原因。

很顯然，幸福主要是心靈的平靜和滿足，所以要

得到幸福，只能靠將這種「擔心別人會怎麼說」的本能衝動限制在理性的範圍，這或許需要抑制現有的大多數情感，而不能依靠別的。

只有這樣做了，我們才會將不斷令自己痛苦的肉中刺、眼中釘除去。但是這極為困難，因為這種衝動乃是人天生的墮落本性。

羅馬帝國的歷史學家塔西佗（Gaius Cornelius Tacitus）說：「智者最難以擺脫的就是對名聲的欲望❶。」制止這一愚蠢行為的唯一方法，就是清醒地意識到這是愚蠢的。透過認識以下敘述的道理，就能達到這一目的：大部分人的意見是漏洞百出、不合常理、自相矛盾、張冠李戴的，所以絲毫不值得重視；並且，在很多種情況下，相對於各種生活事務，他人看法對我們產生的真正積極影響，是非常少的。

再次，這種看法對人們是如此不利，以至於一聽到任何有關自己的事情或言論，就會非常焦慮。

---

❶ 參見塔西佗的著作《歷史》（*Historiae*），第 4 卷第 6 章。

最後，我們應該清楚地知道，與其他許多事情相比，他人的尊重並沒有直接的價值，只有相對的價值。

如果人們能夠擺脫這種愚蠢的行徑，就可以獲得現在所不能想像的心靈的平靜和歡樂，如此一來，便會更加堅定和自信地生活，行為舉止便會更加自由自在，而很少拘謹不安了。我們可以看到，幽靜的生活對內心的寧靜非常有益。其主要原因就在於：可以不再在別人的眼色中生活了，不再時刻和他人漫不經心的意見糾纏不清；換句話說，能夠返璞歸真，回到我們自己了。

同時，這樣做還可以避免很多的不幸，這些不幸源於我們追求那些陰影，或確切地說，源於我們沉溺在一些有害的愚蠢行為之中。因此，現在應當將更多的注意力放在那些堅實可靠的實在事物上，不斷地享受它們。

不必「謙虛」，只管驕傲

我們所討論的，人性中的愚昧之處有三點：貪婪、虛榮以及驕傲。虛榮和驕傲的區別在於，驕傲是堅信自己在某一方面具有過人之處，而虛榮則是渴望他人相信自己具有這種過人之處，通常還伴隨著一種隱祕的願望——希望透過喚起別人的堅信，最終完全恢復自己的確信。

驕傲存在於內，是直接的自我欣賞，虛榮則是從外希求達到這種自我欣賞。所以常常可以看到，虛榮心強的人巧言令色，妄自尊大，而又沉默寡言。**愛慕虛榮的人知道，相比喋喋不休，保持沉默更容易得到他人稱讚，雖然他自己有更好的東西可說。**所以，任何想假裝驕傲的人都不會是狂妄自大的人。但他很快就會同其他虛榮之人一樣，暴露出這種虛構的假象。

人們只有確信自己具有傑出特質和特殊價值時，才會產生嚴格意義上的驕狂 —— 這無疑是一種錯誤的確信，這種確信或許是因為外在的或一貫的性格優勢；儘管如此，只要驕傲存在，驕傲便仍然是驕傲。因為驕傲是以確信為基礎的，它和沒有經過我們自己仲裁的所有其他形式的知識非常相像。

　　虛榮是驕傲最大的敵人，也是最大的障礙，它要打下必要基礎，以達到謀求對自我價值的高度評價之目的，於是便對世人投其所好，諂媚逢迎，而驕傲的基礎，則是早就已經存在的確信。

　　眾人對驕傲之人不外乎吹毛求疵、求全責備。但是，我認為，這並沒有什麼值得討伐的。鑑於多數人恬不知恥、魯莽輕率，不論具有什麼長處，如果不想忘記的話，人們都應時刻關注自身長處；因為，假如有一個人，他的本性良好，又不恃己長，與他人友好相處，就好像他同他們完全平等，那麼他們對待他也會是真誠坦率的，並將其當成他們中的一員。我尤其要提醒那些卓越的人，也就是那些個人本性上

真正名副其實的卓越者，卓越就如同勳章和頭銜，無法時時刻刻引起人們注意；另外他們會看到，親暱催生輕蔑，或如羅馬人曾經說的「愚人教智者」。

有一句極妙的阿拉伯格言說：「與奴隸開玩笑，不久他就會對你隨便。」我們還要注意賀拉斯說過的話：「獲取你應得的名譽。」

如果謙虛這一美德被徹底貫徹，那無疑對愚人是極其有利的。因為我們總希望人們在談到自己時，依據的都是自己表面上的樣子，謙虛實際上正在拉平人們之間的差距，好像這世上皆是庸碌之徒。

「我們的虛榮心、裝模作樣、
　　自我炫耀以及狂妄自大，
都基於對他人看法的操心焦慮。」

Part 5

地位與榮譽的本質

沒有什麼東西比確信得到了他人的敬重
更能增加一個人的勇氣，
因為這意味著人們會給予他幫助和保護，
而這是對抗生活不幸之牢不可破的堡壘。

別被虛假的地位蒙蔽了雙眼

此章的開頭，首先來談論地位，或許其實只要用幾句話就能將這個題目打發了，但地位卻是國家這一機器中最為有用的齒輪，令市井之徒、凡夫俗子一心嚮往。

地位純粹是一種世俗的價值。嚴格地說，它是虛假的，是一種贗品，目的是得到人們的敬意，所以實際上，它整個都不過只是個假冒的玩意兒而已。

可以說，勳章是向輿論支取利益的匯票，發放人的信譽決定了它的價值。當然，它代替撫恤金，為國家省下了大量的錢財。並且，如果嚴謹慎重地頒發勳章，勳章還可能有很多種用途。

通常人們只用眼睛和耳朵來看待事物，而很少判斷和記憶。國家有很多種職業並不在常人的理解範圍內，有時一些別的職業也能為他們所理解並從

事，但他們很快就會怠忽職守。

　　因此，在我看來，不管是十字勳章還是星章，都在時刻提醒著普通民眾：「這人和你不一樣，他已達到某些難以實現之成就。」一旦勳章的頒發不公平，或者選擇不適當，或者濫發，那麼勳章也就不再具備應有的價值。所以，君王們授勳章時應當慎重，就像商人們簽署匯票那樣。每個勳章上刻有的「獎勵功績」都是多餘的，因為顯而易見的，得到這些勳章的都是那些有功之臣。

榮譽的本質

接著談到榮譽，和地位的問題相比，這個問題要大得多，也困難得多。

首先，應該替榮譽下個定義。如果我說，「**榮譽就是外在的良知，而良知就是內在的榮譽**」，無疑會有很多人對我的意見表示贊同。

然而這樣的定義仍顯得太空泛了，幾乎沒有接觸到問題的實質。不如說，「客觀上，榮譽是他人對我們價值的評判；主觀上，榮譽是我們對他人評判的注重」。

從後一點來看，它常常會對注重名譽的人產生一些有益的影響，雖然這種影響並非純道德層面的。

一個人只要不是徹底墮落，便有廉恥之心，不管在什麼地方，他都認為榮譽具有特別的價值。其中原因如下，一個人很難僅依靠自己達到目的，若是

這樣，他就和荒島上的魯賓遜沒有區別。

　　他很快就會認識到，一旦自己的意識得到發展，內心便會產生一種願望，希望人們把自己看作人類社會中一名有用的成員，一個能發揮作用的人，並由此獲得享受社會生活恩惠的權利。

　　要成為這樣的人，必須做到兩件事：第一，在任何地方都要肩負起社會對每個人所要求的責任；第二，要肩負起社會對每個人在社會上所處的獨特位置所要求的責任。

　　但人們很快就會發現，一切事情的關鍵，並不在於只要認為自己是有用的人即可，而在於他人是否也這樣認為；因此必須竭盡所能給世人留下一個良好的印象，也必須非常在乎這一良好印象的建立。這就是所謂的「榮譽感」，或者從另一方面來說的「恥辱感」，亦即人類的本性。

　　只要想到被人中傷，他便頓覺羞愧恥辱，甚至即便清楚地知道自己是無辜的，即便只是在自己的自由意志範圍內沒有盡心盡力，而並未完全忽視其責

任，他也會汗顏。

　　沒有什麼比確信得到了他人的敬重，更能增加一個人的勇氣，因為這意味著人們會給予他幫助和保護，而這是對抗生活不幸之牢不可破的堡壘。這和他自己所做的一切努力相比要有效得多。

　　一個人為了贏得他人信任，與他人建立起了各種關係，由此也就產生了各種不同的榮譽。人與人之間的關係主要是「我」和「你」之間的關係，其次是各種誓約行為，最後是兩性關係。

　　所以主要存在著三種榮譽 —— 市民的榮譽，公務上的榮譽，以及兩性之間的榮譽，每一種又有多種形式。

市民榮譽：人人渴望被敬重

　　市民榮譽涵蓋的範圍極廣，它以這樣一種假定為前提：必須無條件地尊重別人的權利，因此絕不可以運用任何不正當或法律不允許的手段，謀求我們想得到的東西。這是人與人之間和睦相處的條件。任何公然違背上述前提的行為，即便受到了法律的制裁（假使這種懲罰是公正的），依然都會使我們的榮譽受到損害。

　　榮譽最根本的基礎在於人們確信，一個人的道德品性是不會改變的，所以僅僅一次的惡劣行為就意味著，一旦將來同樣的情況再現，這個人的行為也會同樣惡劣。我們可以用「品性」（Character）一詞恰到好處地表達這層意思。英文中的品性也有名聲、榮譽的意思。

　　所以，榮譽一旦失去，便永遠也不可能復得；

但如果是因為某種誤會，情況就會有所不同，諸如被人誹謗、誣衊或誤解。法律則提供了對誹謗、誣衊乃至侮辱進行制裁的手段。因為帶有侮辱性的謾罵，是一種摒棄理性的誹謗，有一句希臘成語傳神地表達了我所說的這個意思：謾罵便是誹謗[1]。

的確，如果一個人辱罵他人，這就表明他無法找到恰當的理由來控訴別人，否則，他就會把這些作為前提，然後讓聽眾自己得出結論；但辱罵者並沒有這樣做，而是直接得出了結論，卻並未理會前提。辱罵者試圖讓人相信，自己這樣做只是為了簡便。

市民的榮譽使得中層階級獲得了自己的一席之地，並由此得名，但榮譽完全適用於所有階級，即便最上層的階級也是一樣，每個人都不能輕視它。榮譽是一樁正經事，每個人都會小心在意，不會對此掉以輕心。失去誠和信的人，便會永遠失去榮譽，不論他是誰，也不論再做怎樣的努力，都無濟於事；這

---

[1] 原文：estin hae loidoria diabolae.

種可怕的結局總是突如其來，且不可避免。

在某種意義上說，榮譽具有否定性，較為被動，而和它對立的，是名聲的肯定性。因為榮譽並不意味著人們認為某人具有某種特殊品性，而主要是說明人們希望某人能表現出某種品性，而且這種品性乃確確實實，而非作假的。

所以榮譽只是意味著我們提到的某人並無特殊之處，而名聲則不同。

名聲必須要去主動爭取，而榮譽則只是不能失去。人若沒有名聲，只不過鮮為人知而已，這只是一種不實在的事情，而失去了榮譽則是羞恥的，因為榮譽是實實在在的。

我們不能混淆榮譽的這種否定性與被動性，因為現實性乃榮譽的根本特性。只有現實性是直接以表現這種特性的人為來源，它與他的所作所為直接相關，而與他人的行為或他人為他設置的障礙毫不相干，榮譽完全存在於自己的能力之中。**這樣我們就能明白，真正的榮譽和諂媚逢迎的、虛偽的榮譽，有**

多麼大的區別。

　　只有誹謗這一武器，才能無中生有地對榮譽進行攻擊，對付誹謗的唯一辦法，就是將其惡語中傷暴露在光天化日之下，並公開地駁倒它。

　　我們之所以敬重老人，是因為老年人在其一生經歷中，已經透過曾所行之事證明了自己能使榮譽保持清白，不受玷汙；而對年輕人來說，雖然人們相信他有些美德，但年輕人自己仍無法證明它。

　　單從年齡和經驗來說，這兩者都沒有充分的理由為老年人贏得青年人的敬意。因為低等動物也可以達到一定壽命，甚至一些動物的壽命還在人類之上；而經驗也只是更為貼近人生道路的知識。

　　如果這只是年齡的問題，那麼伴隨著年齡而來的衰弱，社會要求人們給予老人的更多是照顧，而非敬意。值得注意的是，白首皓髮，高山景行是本能的敬重，而皺紋滿臉是人到老年時更為確實的標誌，卻根本不會讓人景仰。你絕不會聽到有人說，如何羨慕雞皮鶴髮，但常有人說白首皓髮，德高望重。

榮譽的價值是間接的。就像我在本章開頭所解釋的，只有當他人對我們的看法和行為發揮決定性作用時，他人的看法才具有價值。

　　在與他人一起生活、從事各種活動時，他人對我們的看法，就會影響他人對待我們的行為。但是在文明的國度裡，保障人民生命財產安全的是社會，我們的任何行為都需要別人的幫助；對於他人來說，只有先產生信任，才會有後續的交往。

　　因此，別人對我們的看法，對我們來說是非常重要的，雖然我知道這種看法並沒有直接的、當下的價值。羅馬共和國的哲學家西塞羅（Marcus Tullius Cicero）抱持的也是這種觀點，他寫道：「我完全贊同克律西波斯（Chrysippus）和第歐根尼曾說過的話，即，如果聲望、美名果真一無可取，那麼聲望、美名也就根本不值得我們去追求了。」

　　愛爾維修（Claude Adrien Helvétius）在其主要著作《論精神》（De l'esprit）中也詳盡論述了這一真理，他得出結論：「我們樂於受人尊敬並非因為尊敬

本身，而只是因為尊敬所帶來的好處。」因為手段絕不可能比目的更具價值，關於這一點我們已經說過很多，有句格言說，「榮譽比生命更可貴」，如前所說，這只是一種言過其實的說法。關於市民的榮譽，這些就是我的見解。

公務榮譽：恰到好處地履行義務

公務榮譽就是人們普遍認為，公職人員具備了履行其應盡職責所需的品行。

一個人在國家事務中必須履行的職責越重大越緊要，他所擔任的公職就越高，權勢就越大，人們對於他與其職位相應的道德、理智的品行所抱持的看法就越嚴苛。

所以，地位越高，他享有的榮譽就越高。這表現在其頭銜、勳章以及他人對其畢恭畢敬的態度上。一般來說，一個人的官位就決定了他所應享受到的某一特殊程度榮譽，但這種程度會受到大眾對於這一官位重要性的認識程度之影響。事實上，相比普通公民，擔任一些特殊職務的人享有更高的榮譽。**對於普通公民來說，他們的榮譽就在於持續地清除恥辱。**

公務的榮譽還要求，擔任公職的人必須忠於職守，這是出於對其同僚和下屬的考慮。要做到這一點，任公職者就需要恰到好處地履行自己承擔的義務，對一切妨礙公務或公務人員的行為加以抵制。例如：絕不能對任何怠忽職守的行為無動於衷，或者對沒有為公眾帶來福利的公務視而不見，他必須透過法律手段給這些危害行為以懲罰，從而證明這種行徑在本性上不可寬宥。

至於那些用其他能力為國效力的人呢？如醫生、律師、教師，以及其他在某些學科裡有所成就，或向公眾宣布有資格從事某種專門的工作，並要求投身於這樣的工作的人。

我以一句話總結：所有這些發誓忠於為公共服務事業的人，他們也享有公務的榮譽。包括軍人的榮譽也屬於這一類，在嚴格意義上，榮譽說的正是對這種人的看法，每一個決心去捍衛自己國家的人都具備一些所需的品行，特別是勇氣、堅強和力量。

這些品行使得軍人表現出如此行為，他們完全

準備誓死保衛自己的國家，他們發誓在任何情況下，也絕不拋棄他們所忠於的旗幟。

　　在這裡，我談到的公務榮譽要比其常規的意義更為廣泛，市民們普遍認為這種榮譽只屬於擔任公職的人。

兩性榮譽：男人征服世界，女人征服男人

　　談到兩性榮譽以及它所依賴的原則，我認為有必要予以更多注意，並進行更為詳盡的分析。我需要說明這一思想：各種榮譽都是建立在功利主義基礎之上的。關於兩性榮譽，可以分為女性榮譽和男性榮譽兩個自然的部分，不管從哪一方面來看，都可以產生不言自明的群體精神，其中女性的榮譽要比男性的榮譽重要得多，因為在女性生活中，她與異性之間所建立的關係至關重要。

　　女性的榮譽，在少女時是人們對她貞潔的一般看法；在妻子時則是人們對她忠誠的一般看法。這樣的看法的價值有以下幾點：女性在生活的任何方面都需要依靠男人，而男性，可以說，只在一個方面依賴女性。

因此就需要有一種能使男女雙方彼此依賴的安排：男性要對女性的一切需要以及由於雙方結合而生下的子女負責，這一安排是以女性利益為基礎的。

　　為了實施這一計畫，女性聯合起來以顯示她們的群體精神。女性組成聯合戰線，以對付此群體共同的敵人——男性，因為男性依靠自己優越的體力和智力，占有了人世間一切美好的事物。女性圍攻男性並征服，乃至於占有他們，以分享那些美好。

　　為了達到這一目的，女性榮譽迫使她們遵守這一規則：除非確定婚姻關係，否則絕不將自己的貞節給予任何男人。只有這樣，才能使所有男人就範，使他們繳械投降，和某個女人結合；這一措施為的是女性的利益。

　　但是，只有嚴格地服從上述規則，才能達到這一目的；所以，不管在何處，全體女性都極為注意維護她們的群體精神。如果一位少女違反了這條規則，那她就是背叛了全體女性，因為如果所有的女性都這樣做，那她們的幸福就會盡數崩潰；所以，她得

為此忍受恥辱，為婦女們所不齒，並失去她的榮譽，再也不會有任何女性和她交往，人們就像躲避瘟疫一樣躲避她。

對於女人來說，誰膽敢將婚姻的紐帶扯斷，同樣的厄運便會降臨到誰的頭上。因為她一旦這樣做，就會失去使男人妥協投降的那些條件；其他男人會被她的這種行為嚇壞，從而不敢再做同樣的妥協，這就會危害到其他女性的利益。

這種欺騙和粗暴地破壞自己承諾的行為無異於一種應受懲罰的罪行，此舉不僅會使她失去女性的榮譽，也會使她失去市民的榮譽。我們並不看重少女的恥辱，但對於妻子卻並非如此，其原因就在於，對於少女來說，結婚就可以使她的榮譽恢復；而對於妻子來說，她一旦破壞了誓約，其榮譽的損失將是無法彌補的。

這種群體精神被看成女性榮譽的基礎，我們看到，這是有益且必需的安排。對於女人來說，它在本質上是經過深思熟慮的，是利害相關的。

這樣，人們便能認識到女性榮譽對於女性利益的極端重要性。但是，這種榮譽除了具有相對的價值外一無所長。它並不是純粹的目的，因此我們對女性榮譽所賦予的價值，斷不能超過生命，甚至為此而犧牲。

　　這樣看來，貞女們被迫的出軌行為並不值得稱道，這種行為極易造成一場可悲的滑稽戲碼，並伴隨著可怕的感情突變，比如：德國戲劇《愛米麗雅‧迦洛蒂》(*Emilia Galotti*)同名主角的結局使得人們離開劇院時仍渾身不自在；另一方面，即便是違反女性榮譽的首要規則，也無法禁止人們同情歌德戲劇作品中《艾格蒙特》(*Egmont*)中的克拉拉。

　　女性榮譽的這個頭號原則走到極端便是捨本求末 —— 人們經常這樣做。把女性榮譽如此誇大暗示，稱頌這種榮譽的價值是絕對的，而實際上，它只是具有相對價值而已。

　　如果有人持續觀察從達馬希烏斯時代一直到宗教改革時代，在所有時期和國家裡，法律是怎樣對納

妾行為予以允許和承認，而這並未損害女性榮譽時，也就無須再說什麼「巴比倫的米莉塔聖廟」了[1]。

在市民生活中，有一些因素使得婚外戀成為不可能，特別是在天主教國家。當然，在這樣的國度裡，是沒有離婚這種事情的。

在我看來，不管在什麼國家，君主從道德的觀點來看，完全無須考慮各種禮儀，而去締結門第懸殊的婚姻，一旦合法的繼承人不幸死亡，庶民妾室的後裔就可以提出繼承王位的要求。這種婚姻有導致內戰發生的可能，雖然這種可能性很小，但並不是不存在。除此之外，完全無視外部禮節的婚姻，是對女人和牧師們的妥協，對這兩種人人們避之唯恐不及。

需要進一步說明，在一個國家裡，除了那可憐至極的人——即王子以外，每個男人都可以娶他心儀的女人為妻。王子屬於他的國家，他的婚姻只能

---

[1] 指巴比倫當時要求每個婦女都得到米莉塔聖廟委身陌生男子一次的風俗。參見希羅多德（Herodotus）的《歷史》（*Histories*），第 1 章，第 199 頁。

基於對國家的利益考量，即為了國家的繁榮富強。

雖然是這樣，王子仍然是一個凡人，渴望遵循自己的情感。在這種事情上，扼殺或企圖扼殺王子擁有愛情的行為，都是不公正的，讓人討厭且太過苛刻死板。當然，這得需要這位情婦不給治國大計施加任何影響。站在她的角度來看，王子所愛之人身處一個非常特殊的位置，那些兩性榮譽的一般規則並不能約束她；因為她只把自己給予了一個鍾愛自己，而自己也愛的男人，但她不能與他成婚。

女性榮譽的原則事實上是沒有任何依據的，一般來說，這已透過許多被供奉出來的血腥犧牲品得到說明——孩子被殺死、母親自殺。一位未婚的少女如果違背了這一準則，她無疑是觸犯了所有的女性，這便是一種不忠的行為；但是，這種忠誠僅僅是一種心照不宣，並非鄭重其事的誓約。在絕大多數情況下，使她自己的前途受到最直接損害的，是她的愚昧，而並非她的過錯。

相應地，男性榮譽是從以上所討論的女性榮譽

中產生的。男人因女人的群體精神，在婚姻關係中放棄了自己的權益，而這對於征服他的人來說，極為有利可圖；因此，這種群體精神就需要男人堅定地維護婚約中的條款，以防在執行協議的過程中，因為鬆懈大意而失去其效力。

男人為此付出了一切，但至少能達到自己進行這樁交易的目的，即他所獨有的東西，仍然為他所占有。因此丈夫若察覺妻子的背叛，將會與其離異；而這對於丈夫來說，正是男人的榮耀。他如果寬容冒犯者，就會被全體男性羞辱，然而相比失去自己榮譽的女人之恥辱，這種情況下的羞辱遠沒有那麼令人難堪；這個汙點並不是汙穢不堪的，因為對於男人來說，他生活中還有眾多的其他關係以及重要事務，男女關係只屬於次要的事情。

現代兩位最偉大的戲劇詩人都把男人的榮譽作為其兩部戲劇的主題：莎士比亞的《奧賽羅》（*Othello*）和《冬天的故事》（*The Winter's Tale*），佩德羅・卡德隆（Pedro Calderón de la Barca）的《醫生

的榮譽》（*The Surgeon of His Honor*）和《祕恥祕報》
（*Secret Vengeance for Secret Insult*）。應該說，男人的榮
譽只要求懲罰妻子，而不是懲罰她的情夫，對後者的
處罰是責任以外的工作。

這就為我持有的觀點：男人的榮譽起源於女性
的群體精神，提供了充分根據。

我所討論的這類榮譽存在形式多種多樣，其原
則貫穿於各個民族和各個時代，雖然女性榮譽的歷史
表明，女性榮譽的原則在不同時代有過某些區域性的
改變。

騎士榮譽：信奉「強權即公理」的榮譽

還有另外一種與我們所討論過的榮譽全然不同的榮譽，這種榮譽只為極少數的一部分人，也就是上流社會以及模仿上流社會的人所擁有，這就是騎士榮譽。它的原則除了同先前討論過的原則截然不同，在某些方面甚至完全相反；**這種榮譽感要人們守住榮譽的虛名，而其他的榮譽感則使人成為有榮譽的人。**因此，我將首先解釋其原則，以將之作為判斷騎士禮貌的準則和反映騎士風度的一面鏡子。

第一，這種榮譽並不在於他人對於我們的價值評判，並與他人內心所抱持的看法無關，也無須理會他人所持意見是否確有根據，關鍵就在於：他們是否提出、表達了意見。別人或許會因為我們的行為而對我們抱有極為不好的看法，或極盡可能地鄙視；但只要他們不敢把自己的看法說出來，我們的榮譽就不

會受到損害。

　　所以，如果我們用自己的行為和品格從其他人那裡強取了極高的榮耀，那他們除了表示敬意外別無選擇；但是，一旦有人公然貶斥我們，不管這個人是多麼卑劣愚蠢，我們的榮譽也會受到損害。如果不能努力恢復，那我們就會永遠失去這種榮譽了。騎士的榮譽不在於別人的看法，而在於別人是否說出了他們的看法。

　　其中的道理用這一事實即可證明：如果有必要，可以透過道歉收回侮辱的話語，道過歉後，他們便會沉默不語，好像他們從未侮辱過他人。至於侮辱者是否要對惡語中傷背後所持有的看法予以矯正，以及為什麼要公然凌辱，那完全是無足輕重的問題：只要宣布當初說過的話語無效，一切就都釋然化解。如此說來，這類行為的目的並非求取他人的尊敬，而是在強逼他人的敬意。

　　第二，這類榮譽並不依賴於一個人做了什麼，而是依賴於別人對他做了什麼與他所遭遇的坎坷。

這類榮譽以他人的所言所行，而並非以他自己的所言所行為根本，這和其他所有榮譽都不同。

因此，這類人的榮譽完全掌握在成天無中生有、說三道四的人們手中。如果有人刻薄指責，他的榮譽隨時都會成為入海的泥牛，一去不復返，除非受到攻擊的人透過我現在將要說到的不懈努力，即冒著失去生命、健康、自由、財富以及內心安寧的危險，力挽狂瀾，恢復自己的榮譽。

即使某人的所作所為完全公正、高尚，靈魂至為純淨，理智健全不凡，只要有人以侮辱他為榮，他就隨時有可能失去自己的榮譽；即便這個中傷者根本沒有詆毀他的榮譽，即使他是一個一無所有的流氓，一個愚不可及的暴徒、白癡、賭徒或欠債者，一句話，是一個根本微不足道的人，也是如此。在大多數情況下，正是這樣的人喜歡侮辱他人。對此塞內卡的評價是中肯的，「一個人越是寡廉鮮恥、荒謬不經，就越是喜歡造謠中傷」。

這種人極可能侮辱我所敘述過的那些人，因為

人以群分，都喜歡以志趣相投者為友。另外，傑出的才華、卓越的功績，只會引起那些無能之輩的無名怒火。歌德在《西東詩集》中說得好：

控訴你的敵人徒勞無益，
因為他們永不會成為你的朋友，
即使你不停地責備他們也是徒勞。

很顯然，這些不值得花費筆墨的人，應該對騎士榮譽的原則感恩戴德，因為這一原則把他們同那些在各個方面遠遠地超過了他們的人，拉到了同一水準上。如果有人詆毀他人的榮譽，如攻擊他人品格如何卑劣，那麼人們最初便會把這視為有充分根據的評判，事實也正是如此，就好像這是具有法律效力的法令；而且，如果不馬上給這種詆毀和侮辱以痛擊，那麼這一評判便會永遠被人們看成真實有效的。

換句話說，被侮辱者（在所有人看來是個體面人）就會是侮辱者（即便是世界上最為卑鄙的無恥之

徒）所侮辱的那樣了，因為被侮辱者容忍了侮辱者的侮辱。這樣，那些體面人將和他一刀兩斷，躲避他如同躲避瘟疫一樣。不管他在哪裡出現，人們都拒絕和他交往，等等。

我想，明智的訴訟能夠追溯到這樣一個事實，從 5 世紀一直到 15 世紀，在所有刑事訴訟中，並不是由原告去證明被告有罪，而是由被告去證明他自己清白無辜[1]。他可以透過宣誓來證明自己無罪。而他的擔保人們也務必要鄭重保證，他們認為被告不會做偽證。

如果他找不到幫助自己的人，或者原告反對他的擔保人，那麼就必須要交由神來審判了，一般情況下這就意味著要採用決鬥的方式。因為被告「帶著恥辱」，他必須得洗刷自己的恥辱。

恥辱的概念，以及那些名譽至上的體面人的抗辯過程便是起源於此 —— 只是免去了宣誓而已。這

---

[1] 參見馮‧威希特爾的《德國史論》中關於刑法的章節。

也就解釋了，為什麼那些體面人一旦被指責說謊，便會怒火中燒，他們認為，這樣的責備必須要用血來洗雪。然而謊言本就無處不在，所以這種反應就很讓人奇怪了。

一般來說，因為別人指控自己撒謊而威脅要殺死他的人，自己絕不會去說謊。原因是在中世紀的刑事審判中，被告要答覆原告的指控，只需要說：「這是謊話。」那麼剩下的事就可交由上帝來裁決了。所以，**騎士榮譽的習慣就是，一旦有人指責他人說謊，其結果必然是訴諸武力**。關於侮辱，就討論到這裡。

還有比侮辱更為惡劣的事情，它是如此可怕，以至於我在提到它時必須請求所有信奉騎士榮譽之人的原諒。因為我明白，只要他們一想到它 —— 極惡，也就是最為邪惡的東西，比死亡和地獄還要糟糕的東西，便會不寒而慄、毛髮直立。那就是人們或許會給別人下達「死亡宣言」，即一記耳光，一頓猛擊；而這樣的事情如此可怕，它完全摧毀了被打者的

榮譽。其他的侮辱可以透過流血事件來洗雪恥辱，而這只能靠置人死地，才能使我們的榮譽恢復。

第三，這種榮譽與一個人天性而來的德行，或者與他的道德品性是否會改變等，諸如此類的學究式問題都不相干。如果你的榮譽被玷汙了，或者變得岌岌可危，只要立刻採取人們通常所採用的補救方法——決鬥，榮譽便會馬上恢復。

如果冒犯者並不是來自上流社會，對騎士榮譽這類習俗並不承認，或者他曾經冒犯過這種習俗，那麼，對待這類人身攻擊，可以採用一種更為安全的方法，或者靠拳頭一決高下，或者僅僅依靠言語較量。如果你手中有武器，便可以當即或在以後將他擊倒在地，這便會挽回你的榮譽。

如果你不願採用這樣極端的方式，擔心由此產生令人不快的結果，或者不確定冒犯者是否受到騎士的榮譽法則約束，那麼，還有另一個維護榮譽的辦法，即「以牙還牙」。

這就是，如果冒犯者表現粗野，那你就更為粗

野地回擊；如果口頭的侮辱無法達到目的，那麼可以用拳頭狠擊，這可以完全恢復你的榮譽。因此，有人打了你一記耳光，便可以用棍子來回應；被人用棍子攻擊，則可以用鞭子來回敬；被人鞭打，有人建議可以用唾臉這一絕招。如果這些都屬徒勞，也絕不能因為害怕將面臨流血而逡巡不前。

第四，受人侮辱就意味著體面掃地，而侮辱他人，自己便有了榮譽。舉例來說，真理、公正以及理性都支持我的對手，但如果我侮辱他，他就會失去公正，體面掃地，而我卻得到了公正和榮譽。

與此同時，對方也就失去了榮譽，直到他靠著槍彈與棍棒擊打，而並非公正與真理，重新贏回這些。所以，就榮譽而言，粗野便取代並勝過了其他一切。強權即為真理。你還能希求得到什麼更多的東西呢？人們是多麼愚蠢，惡劣，卑鄙，如果他在交易中只以粗野作為武器，那麼人們就能寬恕他的一切過錯，使其都有了道理。

在任意場合的交談或討論中，如果有人比我們

更具有淵博的學識，更為熱愛真理，判斷力更為敏銳，理解更為深刻，或者，籠統地說，表現出了許多卓越的理智能力，使自己相形見絀，那麼我們便會立刻貶低他的優勢，抹殺自己的膚淺，如此一來，我們便更為優秀了。

而達到這一目的就是靠了惡語中傷、侮辱冒犯。因為粗野蠻橫更勝於言語交鋒，它使理智完全失去了光彩。如果對手不在乎我們的攻擊方式，不是採用更加粗魯的方式回應，從而使我們陷入以牙還牙的卑鄙競爭之中，那麼我們就取得了勝利，獲得了榮譽。真理、學識、判斷力、理智、才能，在粗野蠻橫面前都退避三舍。

如果有人膽敢敵視那些名譽至上的體面人，或他的才智比體面人集體的智慧都更勝一籌，體面人們便會惱羞成怒，跨上戰馬；如果需要辯論，他們便茫然無措，不知該怎樣回答，於是便到處尋找使起來得心應手、方便擊打的野蠻武器。這樣，他們就成了獲勝者。

很顯然，人們認為這一榮譽原則醇化了社會風氣。而這一原則來自下一條原則，它是整個騎士榮譽原則的靈魂與核心。

第五，這一原則就意味著，人們在所有衝突中為恢復榮譽所訴諸的最高法庭，就是力量的法庭，即粗魯野蠻行為的法庭。所有粗魯的行為，嚴格地說，都得尋求殘忍野蠻的體力較量的幫助；它宣告了理智力量與道德正義無力做出裁決，必須以武力解決衝突。美國國父班傑明·富蘭克林（Benjamin Franklin）把人定義為「會製造工具的動物」，所以人的體力較量就由人類所持有的武器來決定勝負，武力的判決是不能改變的。

這就是有名的「強權即公理」原則。當然，這就像說「愚蠢即智慧」一樣，是反語。**我們可以把騎士榮譽稱為強權榮譽。**

最後，如果說市民的榮譽就像前面提到的，在對待你我的關係問題上極其審慎認真，履行諾言，承擔義務，那麼，在另一方面，現在所討論的這種騎士

榮譽原則，顯示的是最高尚的慷慨精神。

　　只有一種諾言——榮譽的諾言，也就是人們說「我以榮譽擔保」為開頭之後給出的承諾，是不能打破的，任何其他承諾都可以不必信守。

　　當然，事情到了最壞的程度，甚至打破以榮譽允諾之事也極易發生。此時只要採用一般的方法，也就是決鬥，而對手是那些堅持認為我們是以榮譽的名義許下了諾言的人，就能夠保住榮譽。

　　只有一種債務是必須要償還的，那就是賭債，因此有人把賭債稱為榮譽之債。

讓步才是明智的作法

　　不帶有偏見的讀者馬上就會發現，在人類本性之中，這種難以想像的、野蠻而荒謬的獲取榮譽原則是毫無根據的，從健康的人生觀來看，這也是極為荒誕的。它所發揮作用的範圍非常狹小，只在於增加人的反感，它只流行於中世紀以來的歐洲，而且只局限於上流社會、貴族、軍人以及模仿他們的人。

　　無論是希臘人還是羅馬人，都不知曉這種榮譽習俗或原則。在亞洲，古往今來的高度文明民族對此也聞所未聞。除了開頭所討論的榮譽，在他們之中，再也看不到任何其他的榮譽。因此，他們的行為便是他們所存在的最好證明，而不是靠別人的巧舌如簧予以甄別。他們認為，人的一言一行或許可以影響他自己的榮譽，但絕不會企及他人的榮譽。

　　對於他們來說，攻擊只是攻擊而已 —— 馬或者

驢的攻擊甚至更為嚴重。在某些情況下，攻擊可能會激起人的憤怒，並立刻要求報復；但攻擊和榮譽並沒有關係，誰也不會對攻擊或侮辱的話語，或是否要求決鬥耿耿於懷太久。

對於古人來說，他們英勇的氣概和視死如歸的氣節，與歐洲諸民族相比毫不遜色，希臘人與羅馬人是真真正正的英雄，如果你願意如此理解的話；但他們對決鬥卻全無所聞。如果他們有了決鬥的概念，決鬥對他們來說也完全和高貴的人生無關；它只不過是利慾薰心的角鬥士，標價出售的奴隸，以及被判了刑的犯人，在羅馬人的節日裡，為取悅人們而交替去和凶猛的野獸搏鬥時表現出來的野性而已。隨著基督教傳入，角鬥士的表演已被禁止了，取而代之的是人與人之間的決鬥。**決鬥成了由上帝的審判來解決紛爭的方法。**

如果說角鬥士的搏鬥，是為了大眾對壯觀場面的強烈欲望而做出的殘忍犧牲，那麼可以說，這種決鬥實則是為大眾偏見而做出的殘忍犧牲，人們認為犧

牲的是高尚和自由，而並非罪犯、奴隸以及囚徒。

　　古代人完全擺脫了這些偏見的品質，還有很多特點。如，當條頓人的首領提出與古羅馬軍事首領蓋烏斯·馬略（Gaius Marius）決鬥的要求時，馬略回覆說：「如果他厭倦了生活，他可以去上吊。」同時還派出一名老練的角鬥士去進行了兩次談判。

　　據古希臘作家普魯塔克（Plutarchus）對雅典執政官地米斯托克利（Themistocles）生平的記載，艦隊的統帥伏利比亞德有一次拿起手杖擊打地米斯托克利，對此，後者並沒有拔出劍以牙還牙，他只是說：「你打吧！但你得聽我說完。」

　　假如讀者是個信奉騎士榮譽的人，那他看到此處該是多麼憤憤不平！我們並不知道，如果地米斯托克利這樣做了，那麼他麾下的雅典官員們便會全部背棄他。

　　有一位當代法國作家說：「如果有人認為狄摩西尼（Demosthenes）是一個執著於騎士榮譽的人，那麼，人們只能嘲笑他的無知，並為之感到遺憾；而

且，西塞羅也不是執著於這種榮譽的人❶。」

哲學家柏拉圖在《法律篇》中的一段文字中相當詳盡地論述了「aikia」（攻擊），他清楚地告訴我們，古人在面對這類事情時，是絕不會將其和榮譽感聯繫起來的。蘇格拉底因為經常與人討論哲學，而受到他人冷嘲熱諷與刻薄無禮的對待，但他極其寬厚地容忍了這些。

一次，蘇格拉底被人踢了一腳，而他對此侮辱採取了忍讓的態度，這使他的一位朋友感到詫異。蘇格拉底說道：「你是不是覺得，如果一頭笨驢不巧踢了我，我也應當仇視牠呢❷？」還有一次，有人問他：「那傢伙不是辱罵和褻瀆過你的人格嗎？」「不，」他回答說，「他說的話針對的並不是我。」

希臘文選編者斯托拜烏斯，在書中保存了犬儒派學者莫索尼烏斯（Musonius）的一大段論述，從中

---

❶ 編註：狄摩西尼為古希臘著名演說家，而普魯塔克曾在其著作中，將被譽為羅馬第一演說家的西塞羅和狄摩西尼對照比較。

❷ 參見第歐根尼·拉爾修的《哲人言行錄》，第 2 章，第 21、36 頁。

我們可以看到古人是如何對待侮辱的。他們只知道尋求法律的幫助，不求人格受到的損害得到賠償，明智的人甚至非常蔑視詆毀中傷。希臘人如果被人打了一記耳光，他會借助法律獲得賠償；這見之於柏拉圖的《高爾吉亞篇》（Gorgias），在書中我們還可以讀到蘇格拉底對此發表的意見。這樣的觀點，我們在古羅馬時期的作家格利烏斯（Aulus Gellius）的書中也可以看到，有個人極其野蠻無禮，如果在路上碰到羅馬市民，便毫無理由地給他們一記耳光；但為了避免承擔後果，他便讓一個奴隸帶上一小口袋的錢幣，打人後將少許錢幣立即支付給那些被他打得目瞪口呆的人，作為法律上的賠償。

克拉特斯（Crates）是一位大名鼎鼎的犬儒學派的哲學家，一次，他就挨了音樂家尼可德羅莫斯的一記耳光，臉立即腫了起來，而且青一塊、紫一塊。

於是，克拉特斯就把一張寫有「尼可德羅莫斯所畫」的標籤貼在前額上。這對於這位長笛演奏家來說不啻奇恥大辱，因為他對被全體雅典人視為守護

神的人施予了如此暴行❸。

　　錫諾普的第歐根尼在給麥勒西普的書函中告訴我們，他被雅典一幫酒鬼臭打了一頓，但他又接著寫道：「這是一件不值一提的事情」❹，塞內卡在他的《論心靈之安寧》一書中的最後幾章裡，也使用了大量筆墨來論述侮辱，用以說明明智的人不會關心這類事情。他在第十四章寫到，一位智者如果挨了打，他會做什麼呢？當有人打了加圖一記耳光，他是怎麼做的呢？他並沒有惱羞成怒，或報仇雪恥，或回敬對方一記耳光，他的態度是置之不理。

　　「是的，」你會說，「這些人是智者呀！」──「那麼你們是傻瓜嗎，嗯？」「不錯，的確如此。」

　　古人對騎士榮譽的整個原則一無所知，這是最為清楚的事；其簡單的原因就在於，他們總是抱著自然、不帶偏見的態度對待人生，而且使自己免受這些

---

❸ 參見第歐根尼・拉爾修的《哲人言行錄》，第 6 章，第 87 頁。
❹ 參見第歐根尼・拉爾修的《哲人言行錄》，第 6 章，第 33 頁。

墮落可惡的傻瓜影響。

對於他們來說，一記耳光只是一記耳光而已，只是身體上受到了輕微的傷害，除此之外再無其他。但對此現在的人們就會大做文章，認為這是一場空前的災難，足以構成一齣悲劇的主題。例如，皮耶・高乃依（Pierre Corneille）的《熙德》（*Le Cid*），還有最近一部反映德國中產階級生活的喜劇作品，名叫《情景的力量》，簡直就可以叫作《偏見的力量》。

如果有人打了巴黎國民議會的某位成員一記耳光，那麼這件事便會立刻傳遍整個歐洲。我所列舉的那些有關在古典時代人們對待這類事件的態度之例，也許不合體面人士的口味，那麼，為了對症下藥，我可以向他們推薦狄德羅（Denis Diderot）在其傑作《宿命論者雅克和他的主人》（*Jacques the Fatalist*）中講述的有關德斯格朗先生的故事。那是描述現代騎士榮譽的一部出類拔萃的代表作，人們無疑會從這個故事中獲得樂趣，並得到有益的啟迪。

透過上面的討論可以清楚地得知，騎士榮譽原則完全不是以人的本性為基礎的。它只不過是人為的產物，其根源並不難找到：一旦人們更多地使用拳頭而非大腦，一旦人們的理智被教士的權術緊緊束縛，那麼產生騎士榮譽的時代就到來了。

　　在中世紀，騎士制度的盛行使它備受讚揚。在這個時代，人們讓全能的上帝管理他們，還要上帝為他們做出裁決，一旦遇到疑難案件，便由仲裁法庭，也就是上帝的審判來判決，這就意味著決鬥；不論是貴族還是普通市民，都是這樣。

　　莎士比亞的《亨利六世》中就有對此的巧妙說明❺。一切判決都得求助於武力這一更高的權威，也就是上帝的裁決，這就意味著一場體力的較量。這就是說，理性在法庭上的位置被我們的獸性奪取了。**它不是以人們的行為為準繩，而是依據他們相對抗的武力，來確定事情的是非曲直。**

---

❺ 參見《亨利六世》的第 2 幕，第 2 場

事實上，騎士榮譽的原則至今仍盛行不衰。如果有人對現代決鬥的起源還心存懷疑，那麼可以請他讀一讀 J・G・米林根（John G. Millingen）於 1841 年出版的傑作《西方決鬥史》（*The History of Duelling*）；而且我們甚至可以看一看這種制度的支持者們 —— 這些人通常都並未受過良好的教育，思想不夠寬廣，他們將決鬥的結果看作上帝對衝突事件的神聖判決，這顯然是人們在這個問題上抱持傳統看法的結果。

　　但此刻先把鬥爭的來源問題放在一邊，必須得弄清，這種原則的主要目的就在於：用身體力量的恐嚇來強取表面的敬意。而事實上，人們認為：真正努力去爭取他人的尊重太困難，而且多餘；這就像手握溫度計使水銀柱升高，彷彿認為這樣就能證明房間的溫暖一樣。

　　事實上，問題的關鍵在於：市民榮譽目的是和睦友好地交往，他人意志能左右其榮譽，他們若覺得我們完全值得信任，那是因為我們無條件地尊重他們

的權利；而騎士的榮譽則規定別人必須恐懼、害怕我們，因為我們會不惜一切代價來維護自己的榮譽。

信賴並不完全以人的正義為基礎，令人生畏和讓人信賴相比，前者更為根本。這一原則或許並沒有不對，因為如果在一個自然狀態的環境中生活，在這裡每個人都必須保護自己，並直接捍衛自己的權利。

但在文明的社會裡，國家承擔了保護我們人身財產安全的任務，因此，這一原則就不再適用。它是從強權即公理的時代遺留下來、棄置無用的廢物，就像坐落在精耕細作的農田中、川流不息的馬路上，甚至鐵路旁且年深日久的城堡和水塔。

因而，仍舊承認這一原則的騎士榮譽，只能應用於人身攻擊這一類瑣碎的事情上，在法律上，這些損失只會受到輕微的懲罰，有時甚至根本無罪，因為只是一些無關緊要的過錯，有時甚至只是開了個玩笑罷了。

這一原則的適用範圍所受局限，迫使它誇大了對人的價值之尊重（對人的本性或命運來說，這種尊

重完全是不相稱的），它使人的價值被提高到神聖不可侵犯的地步。因為在它看來，國家照本宣科地給予那些造成輕微傷害行為的懲罰太輕了，所以被傷害者要自己對冒犯者施予終生或大半生的打擊，以懲罰他們。

很明顯，這一切完全是因為人極度狂妄的心理，人們完全忘記了人類所具備的本質。這種騎士榮譽心理要求自己絕不可遭受任何攻擊或非議。那些決意依靠武力去實現這一原則的人，即是在宣告「凡是侮辱或攻擊過我的人都一定要死」，並以此作為他們的行為準則。這樣的人無論做怎樣的努力，都應當被驅逐出國土。

為了緩解這種粗鄙暴躁的狂妄心理，人們習慣於讓自己在所有事情上都多加謙讓。如果有兩個勇猛強悍的人碰到一起，誰也不讓步，那麼，即使不值一提的不和也會釀成一場罵戰，然後由罵戰變為鬥毆，直至性命相搏；而跳過中間過程，馬上動用武力，則更能保住顏面。

若要訴諸武力，就得有一套別緻具體的正式手續；這些已經發展成一套嚴格精確的規章制度，這些合在一起，就構成了一部最為嚴肅的鬧劇，這是對愚昧的尊崇和膜拜。

　　如果兩個勇猛強悍的人在一件小事上發生爭執（重要的事情由法庭來處理），比較明智的那一位會選擇讓步，這樣他們就可以各自保留不同的意見了。

　　這還可以透過下面的事實來證明：普通人，或者說是社會上的絕大多數人，並不認同騎士榮譽的原則，他們總是讓爭執順其自然地發展。

　　比起那些總數或許還不過千的騎士榮譽信奉者，殺人犯出現在普通人中的機率其實還要少千百倍，他們對這一原則充滿了敬意，甚至連鬥毆的事情也很少發生。

　　據說，良好的社會習俗和風氣，完全建立在這一榮譽原則的基礎之上，以決鬥的方式來證明它是一座堡壘，可以抵禦野蠻殘忍的攻擊。

　　但是，希臘人、科林斯人以及羅馬人都非常自

信地誇耀自己，他們並沒有任何騎士榮譽的支持，社
會也依然美好，甚至是天下大治，民風、民俗都非常
有秩序。

「榮譽」對我們的負面影響

　　在古代社會，婦女還沒有像今天這樣擁有突出的地位，這倒是事實。而且，現在人們的交談瑣碎而無聊，古人最具特色、有深刻見解的交談已被完全摒棄。這種傾向的產生，使得在今天的美好社會裡，人們寧可捨棄其他一切品性而獨鍾情於勇氣。

　　實際上，個人的勇敢是一種最不重要的德性，它只是一種極次要德性的明顯標誌罷了。的確，在這方面就連許多低等動物都勝過我們，這就是為什麼你會聽到有人將「像獅子一樣勇敢」當作讚美。**騎士榮譽遠非社會的支柱，它是虛偽和邪惡，並且庇護了卑劣的野蠻行徑，尊敬和粗野無禮才是它所需要的。**人們的閉口不言常常將這種粗鄙野蠻的行為掩蓋，因為沒有人願意冒著失去生命的危險去指責、更正這種行為的過錯。

我說過上述這些以後，人們就不會感到奇怪了：在政治、金融方面並沒有什麼信譽的民族，其嗜殺成性的熱情，因決鬥而達到了登峰造極的程度。至於這樣的民族在個人和家庭生活方面的情形如何，這個問題就交給那些有過切身經驗的人去解決吧。他們因其溫文爾雅以及社交修養已長期消失的反面案例，而引起人們的注意。

　　這樣的藉口是沒有任何真理可言的。以下論點也顯得更為公允：你向一條狗咆哮，牠也會以狂吠回應；如果你寵愛牠，牠便會向你搖尾乞憐。人的本性就是以敵意回應敵意，任何蔑視或憎恨的表示，都會招致他人的憤怒怨恨，正如西塞羅所說：「有些東西被忌妒的利箭射穿，甚至謙遜善良的人，都能在痛苦的地方發現它造成的創傷。」

　　除了信奉少數幾個宗教教派的人，世界上任何地方的人們，都不會對侮辱與攻擊安之若素，對此，人們最自然的要求，只是給予冒犯者相應的報復，絕不會因別人攻擊我們說謊、愚蠢、懦弱就走到極端，

要置人於死地。德國以前「以血報復攻擊」的理論，是騎士制度時代所衍生出令人反感的迷信。不管怎樣，遭受侮辱後進行報復是因為憤怒，而並非出於對這種榮譽的責任和義務，但提倡騎士制度的人，則試圖將其歸於這種責任。

事實上，**指責越正確，誹謗便越嚴重**。這一點闡明得很清楚，某一指責如果切中了他人的要害，那麼一個輕微的暗示便會得罪他人。若是無中生有，不著邊際，即便最惡毒的謾罵，也無法讓人動怒；所以，一個人如果確信自己沒有什麼值得人們去說三道四的，那他就會並且也應該自信地對此不屑一顧。

而有關騎士榮譽的理論，則要求人們表現出一種他所不具備的敏感，並針對這個他不覺冒犯的侮辱採取血腥的報復。如果一個人急忙壓制質疑自己的話語，生怕其被他人聽到，那他對自己的價值評價一定不高。

如果一個人對自己的價值具真正正確的認知，那麼，他在面對侮辱時便會無動於衷。假如他無法不討

厭侮辱，那麼明智和修養便會使他不動聲色，掩飾自己的怒氣。

如果他可以將這種有關榮譽的迷信消除，我指的是這樣一種觀念：被人中傷，他就會失去自己的榮譽，他一旦給予報復，其榮譽便會恢復；如果我們可以讓人們放棄這樣的想法：惡劣、粗野蠻橫、傲慢無禮的行為，會因為準備好的賠償，也藉由決鬥來捍衛這一切，而有了合法的權益，那麼，我們馬上就能得出一條一般性的意見：侮辱與輕蔑就如同這樣一場戰爭，受到傷害的人才是勝者；這就像文森卓‧蒙蒂所說：「辱罵就像教堂裡行進的伫列，從哪裡出發，還會回到哪裡。」

如果我們可以讓人們面對侮辱時，用這樣的觀點去看待，那麼就絕不會為了證明自己的正確而做一些粗野的事情。不幸的是，我們如想要用嚴肅的態度對待一切問題，就必須首先要考慮，這樣是不是會在某些方面得罪那些笨蛋。即使最微不足道的小聰明，也會使他們這種人大驚小怪，心懷不滿；這是極

易發生的事情：那些除了狹隘與愚蠢外便一無所有的傻瓜，會反對那些具有聰明才智的人。

假使這一切都如我們所想的那樣，那麼，理智上的優勢便能夠在社會中占據它所應占據的主導地位──實際上，這一位置現在正被體格上的優勢把持著，它僅僅是一種戰鬥精神而已，雖然人們並不願承認這一點。如此一來，最出類拔萃的人就更沒有理由脫離社會了。這為引入一個具有良好氛圍、真誠坦率的美好社會鋪平了道路，這樣的社會，在希臘、科林斯以及羅馬無疑曾一度存在。

如果有誰想看看我所說的社會範本，那麼我就將色諾芬（Xenophon）的《會飲篇》（*Symposium*）推薦給他讀讀。

毫無疑問，維護騎士榮譽的最根本觀點就是，假如騎士榮譽不存在，世界將會成為一處嘈雜無比的場所。這種想法多麼可怕！對此，我可以給出簡單的回答，在不奉行這種原則的一千人中，有九百九十九人經常打人或被人打，但不會造成任何命案；相

反，在那些奉行這種原則的人中，**一記耳光也常常意味著會釀成致命的結果**。接下來我會更直接地解釋這一觀點。

我經常試圖找出一種站得住腳的主張，而不只是一些陳腔濫調，即便是一個模稜兩可的根據也好。也就是說，找到一些確實可信的理由，對這一論點加以證明：一部分人根深蒂固地確信打人是非常可怕的事情。

但我認為，不管是從人的動物本性還是理性的角度看，要證明這一點都將是徒勞的。一巴掌，永遠只是一個人盡其所能地給予他人肉體上所不值一提的損傷而已；因此，這除了能說明他在體力或技巧上比其他人更勝一籌，或他乘人不備外，什麼也不能證明。對這一行為，無論我們怎樣分析也不會有什麼進展。一個把來自人的徒手攻擊視為最邪惡之事的騎士，如果他挨了比這一巴掌凶狠十倍的攻擊，也能夠強忍疼痛，一瘸一拐地走開時，就證明了他根本不把這當回事。所以，我想禍根在於人手。

然而，騎士在一場戰鬥中，可能被同樣出自人手的刀劍砍殺、刺傷，他卻會堅信自己所受的創傷不值一提。我聽說，劍面的拍打無論如何也沒有棍子的擊打惡劣；因此，不久以前，軍校的學員受懲罰時寧願接受前者，而不願接受後者。

　　時至今日，被劍面輕拍以獲授騎士爵位，聽說已成了一項至高的榮譽，我所能發現的心理或道德的根據就是這些。所以，對於我來說，接下來要做的只是宣告結論，騎士的榮譽是有著深刻根源且過時的迷信，是說明傳統陋習的又一個例子。

　　若不帶偏見地看一看人的本性，就可以知道，人的打鬥是最自然不過的事情，就如同野獸間的撕咬或有角動物的抵觸進攻。也可以說人是打鬥的動物。

　　對於人的感官來說，一旦聽說有人用嘴咬人，那就會讓我們心中頓生厭惡；相比之下，挨打或打人卻是極自然的一件事情。這是完全可以理解的，假如我們是有教養的人，那麼就可以發揮各自的自制力來使自己免於打鬥。

但是，強迫一個民族或某一特殊階層的人把打鬥看成一場可怕的災難，必然導致死亡和凶殺的結局，那就非常殘酷了。在這個世界上十足的罪惡已經太多，以至於再也無法容忍我們透過想像中的災難來誇大這種罪行，這種臆想會為人們的人生旅途帶來真正的災難。然而這也正是迷信的結果，是它自身愚昧和有危害的證明。

遭受侮辱時怎麼辦？

在我看來，明智的政府和立法機關，不會在民間或軍隊以廢除鞭打這樣的懲罰，來助長這種愚蠢行為。他們認為這樣做是在為眾生謀福利，但事實上他們這種所作所為，正好與此相反。因為廢除鞭打只會加強這種殘酷的、可惡的迷信，人們為此已經付出了許多犧牲。

除了最惡劣冒犯外的一般冒犯，人們首先想到的就是擊打，所以，這也是一種自然的懲罰。

不服從理性支配的人才會屈從於擊打。在我看來，如果一個人一無所有，沒有財產繳納罰金或沒有他人服侍，他的主人的利益便會遭受損失，那麼，對他施以體罰是完全合適而且公正的。

對此表示反對是沒有充分根據的，你只能用「人的尊嚴」來應付，但這只出於我已指出過的、有

害的迷信，而並非出於問題的清晰概念。迷信是整個事情的根源，這已被下面這件近乎可笑的事例所證實：最近，在許多國家的軍紀中以鞭打取代了棍擊。不管是哪種情況，都會給被罰的人帶來痛苦，然而，他們都認為後一種方式沒有羞辱成分，亦對榮譽沒有損害。

國家為這種迷信推波助瀾，與騎士榮譽的原則勾結，並因此助長了決鬥的行為。但同時，人們又擺出一副姿態，試圖用法令來禁止決鬥。

結果，我們會發現，從中世紀那個最野蠻歲月流傳下來的「強權即公理」的殘餘影響，仍然在19世紀糾纏著我們。這是我們的極大恥辱！現在實在是到了該徹底消除這一原則的時候了。

現如今，人們連鬥狗、鬥雞都不被允許，這在英格蘭是要受到刑事處罰的。但是，人們卻違背自己意志進行生死搏鬥，這都是因為這一荒謬的迷信和可笑的原則。

正如那些心懷狹隘的支持和擁護這一原則的人

們所宣布的，這個原則強加給我們的義務，便是為了一切雞毛蒜皮的小事而像角鬥士一樣爭鬥。我們可以向那些支持語言純化（Linguistic Purism）的人們學習，用「bait」（誘惑）這個詞代替「duel」（決鬥），「duel」這個詞並不是源自拉丁語的「duellum」，而是源自西班牙語的「duelo」，意思是遭受痛苦、損害和煩擾。

不管怎樣，我們都會放肆嘲笑這種愚蠢行為的過度迂腐。令人厭惡的是，騎士的榮譽由於其荒謬原則，而在國家範圍內形成一種極易被運用的權力，這種權力只認強權不認公理，它專橫跋扈，暴戾地統治著屈從於其勢力的上層社會。它可以用最經不起反駁的藉口提審他人，並且在當時當地對雙方間的生死之爭進行審判，在此之前，它就已經在不斷地挑起事端了。這是惡棍無賴們的棲身之所——只要他們信奉騎士的榮譽。他們隨時可以威脅，甚至殺死那些最高尚、最優秀的人。

那些人因為自身的高貴和優秀使得他們心懷惡

意。今天，法律和員警絕不會讓這些惡棍在光天化日之下襲擊我們，侵害我們的生命財產！高尚之士們，應該卸下壓抑著自己沉重的負擔，不要時刻聽任那些滿腦子都是粗野、狂暴、愚昧、惡毒想法的無賴威脅，付出生命的代價；兩個少不更事、易於激動的孩子，僅僅因為幾句口角，就會受傷、致殘，乃至於失去生命，這簡直是窮凶極惡。

在國家範圍內的這種暴戾勢力，以及騎士榮譽這一迷信的力量造成之後果，可以透過下方敘述的事實看到：由於冒犯者地位的優越或卑下，抑或任何其他造成人們地位差別的指標，使那些被冒犯者無法恢復其騎士的榮譽，便經常因為極度絕望而自殺，從而落得一種既悲哀又滑稽的結局。

如果人們發現事情的結局和事物的邏輯結果是矛盾的，那麼人們便明白，它是錯誤而荒謬的；在這一點上，我們的所作所為也無比荒謬。因為一方面官員被禁止參與決鬥，另一方面，如果有人向其挑戰，而他拒絕，那麼便會受到解職的懲罰。

在這個問題上，我將更為坦率地分析其實質。我們手拿與對手相同的武器，在正大光明的搏鬥中殺死對手，與偷襲殺死對手，兩者間的最大差別（人們經常強調這一差別）完全是從這一事實推理出來的必然結論，即我以上所說的，在國家範圍內的權力只承認強權而不承認其他一切，並將其視為上帝的審判，以此作為整個騎士榮譽原則的基礎。

因為只要在一場公平的搏鬥中殺死敵人（這只能證明人們在力量上占優勢，或更具技巧），勝者就是占理的，這也就假設了這樣的前提：**強權者的理就是公理**。

但事實是，如果我的對手並不知如何保護自己，那就向我提供了殺死他的機會，但這並不代表殺死他符合公理。公理，即道德的正當理由，只能取決於我要殺死他的動機。如果我有充分的正當理由殺死他，那麼就能讓殺死他的這件事完全取決於：我是否比對方射擊得更準或擊劍擊得更好 —— 這其實是完全沒有道理的。

不管怎樣，它和我殺人的方式，比如從前面還是從後面攻擊對手毫無關係。如果要奸詐地謀殺一個人，人們便會使用詭計。從道德的角度看，強權即公理，並不比詭計即公理更有說服力。就現在所說的情況而言，強權即公理和詭計，即兩者分量並沒有什麼不同，需要注意的是，強權和詭計這兩者在決鬥中都發揮了作用：因劍術正是兩者集大成的比拚。

如果我認為自己殺死一個人在道德上是正義的，那麼，殺死他這樣的事情將會由他是否比我更精於射擊和劍術來做決定，這般觀念則是愚蠢的。如果他更精於此道，那麼他不僅將會反過來傷害我，甚至還將奪去我的生命。

盧梭（Rousseau）認為，洗刷恥辱的恰當方法是去謀殺冒犯者，而並不是和他決鬥。但是，他只是在《愛彌兒：論教育》（*Emile, or On Education*）的某一卷中，以一個難以理解的注釋小心翼翼地暗示了這一看法。

這說明這位哲學家深受中世紀的這種騎士榮譽

影響，即他認為：如果有人指責你說謊，那麼你謀殺他就是正當的；同時他一定知道，每個人都無數次地說過謊，都有理由受到這一責備，特別是盧梭自己就是說謊專家。

認為只要在公開競爭中，在使用相同的武器時殺死對手，就是正當合法的，這是一種偏見，很顯然它把強權當成了公理，並把決鬥當作上帝的裁決。

一個怒不可遏的義大利人，在哪兒碰到對手便會在哪兒發起攻擊，並會毫不客氣地殺死對方。總之，他的行為堅定而自然，這樣做更聰明，也並不會比決鬥的人更惡劣。

如果有人說，他在決鬥中殺死對手是正當的，因為對手在那時也試圖置他於死地，那麼我可以這樣駁斥他：「正是由於你這種決鬥的要求，才使得他不得不保護自己，這種故意將對方置於如此境地的作法，事實上就是**發起決鬥的人在為謀殺他人尋找一個似是而非的藉口而已**。如果雙方都同意把自己的生命託付給決鬥，那我寧願憑藉『勿故意為惡』這一法律

原則來判斷行為的正當與否。」

無論如何，表明受傷害的一方在意志上是不情願的，這就已經對這一論據進行了批駁；因為正是這種殘酷暴虐的騎士榮譽原則的荒謬不堪之信條，把兩個決鬥者，或至少一個，強迫性地拖入了一場血腥的爭鬥之中。

關於騎士榮譽，我講了很多，但我有充足的理由這樣做，因為在這個世界上，人們道德淪喪，理智喪失，如同奧革阿斯的馬廄❶，只有用哲學的掃帚才能打掃乾淨。

世上有兩件事物，比任何其他都更能區別出現代生活與古代生活的社會，它們為這個時代帶來了黑暗、陰鬱與不幸；而古代生活的社會則有如生命的早晨，新鮮而自然，完全是自由的。這兩樣事物就是

❶ 奧革阿斯的馬廄：奧革阿斯（Augeas）是古希臘神話中的厄利斯（Elis）國王，太陽神赫利俄斯（Helios）之子。他養了數千頭牲口，然而廄房三十年都沒有打掃過，因此，奧革阿斯的馬廄代指的是非常骯髒的場所。

騎士榮譽原則和性病──一對多麼高貴的搭檔啊！
這兩者攜起手來，危及所有的生活關係，不管是公共
關係還是私人關係。

尤其是以性病的影響更為深遠，它不僅僅只是
一種生理上的疾病，而且是一種道德上的弊病。從
在丘比特（Cupid）的箭袋中裝入毒箭的時代起，兩
性關係之中就滲入了一種搬弄是非、互相仇恨、喪心
病狂的成分，這就如同在他們相互交往的經緯線中，
編進了一縷讓人害怕和懷疑的不祥之線。它間接地
動搖了人類友愛的基礎，或多或少會影響整個人生的
進程。然而這與我們接下來將要進一步研究的問題
無關。

騎士榮譽原則產生的影響與性病類似，不過這
種影響方式截然不同，即古代社會所上演的一齣無
知、嚴肅的滑稽戲碼；它使得社會變得僵硬呆板、陰
鬱悲觀、嚴肅羞怯，迫使人們每說一句話都得要提心
吊膽。

但這還不是事情的全部。這一原則是萬能的米

諾陶洛斯❷，每年供奉給牠的祭品都是一些出自名門的孩子，這些孩子並不只來自某一個國家，而是遍及整個歐洲。現在已經到了該徹底消滅這種愚蠢制度的時候了；就像我現在所努力做的那樣。但願現代世界的這兩個怪物在 19 世紀末會壽終正寢！

我們希望醫生能找到某種藥物防治性病，希望透過哲學來純淨我們的觀念，消滅騎士的榮譽；**因為只有純淨我們的觀念，才能根除邪惡**。各國政府都曾試圖透過立法來這樣做，但失敗了。

雖然政府決意消除決鬥制度，但他們的努力只取得了微不足道的成績，這是因為政府沒有能力對付這種邪惡，對此我倒不在乎建議一條法律，且我確保它會成功。這條法律不會有任何酷刑，亦不需要斷頭台、絞刑架或終身監禁便能推行。它是一種順勢醫治，沒有任何副作用。

---

❷ 米諾陶洛斯（Minotaurus）：是古希臘神話中人身牛首的怪物，每年要吞噬七對人們供奉的童男童女，後為忒修斯（Theseus）所殺。

即如果有人向別人挑戰或接受別人挑戰，就讓下士把他帶到禁閉室，在光天化日之下打他十二棍；為決鬥者傳遞挑戰書的人或公證人則各打六棍，如果決鬥已經發生，那麼就應當按照慣例進行刑事訴訟。

一名擁有騎士概念的人或許會反對說，體面人如果受到這樣的懲罰，他可能會開槍自殺。對此，我認為，讓這樣一個愚蠢的傢伙自殺，總比讓別人殺他好得多。然而，我清楚地知道，政府並不會在制止決鬥之事上真正賣力，那麼多的行政官員和軍官（除了地位最高的那些人外）為國家提供服務，卻只得到少得不能再少的報酬，這種不足便需要由榮譽來補償，而榮譽又由頭銜和勳章來體現，一般說來，以等級制度為代表。

所以對於那些有地位的人來說，決鬥毫無疑問是極為經久耐用的身外之物；所以，他們在大學裡就開辦了用來了解這一點的訓練課程，一旦發生偶然事件，人們便用它來製造流血事端，這剛好補償了這種不足。

討論完這個問題，我也順帶提一下國家榮譽。國家榮譽是所有作為一個整體的民族榮譽，在此共同體中，只能訴諸武力，並不存在什麼可以申辯的法庭，所有成員都必須自覺維護自己的利益；所以，國家榮譽就在於需要別人認定這個國家是值得信賴的，並且還要讓人們知道，這個國家是令人敬畏的。

　　因此，絕對不允許攻擊國家榮譽的權威。**事實上，國家的榮譽正好結合了市民榮譽和騎士榮譽的雙方立場。**

Part 6

名聲的力量

擁有高尚的心靈和傑出的才智，
而不只是名聲；
擁有那真正有價值的事物，
我們才會幸福。
人們尊敬的並不是名聲，
而是使人獲得名聲的具體事物。

名聲源自非凡的成就

我們通常把名聲放在評價人生這一主題內。下面，我們就來討論這個問題。

名聲和榮譽是一對孿生兄弟；就像古希臘神話中卡斯托（Castor）和波路克斯（Pollux）兩位情誼深厚的孿生子。這一對雙生子，一位終將死去，而另一位則是不朽的。名聲是不朽的，而榮譽則是短暫的。當然，我在此處所說的名聲，是最名副其實的那種，即基於這個詞的嚴格意義所說的名聲。

的確，名聲有許多種，有的名聲朝生暮死，極其短暫。榮譽與人們在同樣的處境裡所必須擁有的品格有關，每個人都有權認為這些品格為自己所有；而名聲涉及的品格則是我們無法要求人們具備，也無法自己定論自身是否擁有的。

榮譽隨著別人對我們的了解而波動，但名聲卻

相反，它走在別人對我們的了解前，並且把榮譽也帶到了名聲抵達的地方。每個人都可以要求榮譽，但幾乎沒有什麼人可以要求名聲，因為要獲得名聲只能依靠非凡的成就。

這些成就分為兩類——**功績和作品**。所以，這是獲得名聲的兩條途徑。想走功績這條途徑，主要需具備高尚的心靈，作品這條途徑需要的則是卓越的才智。兩條途徑各有優點和不足，其主要差別就在於，功績會消逝，而作品則是不朽的。

即使是最高尚的功績，其影響也只能維持在短暫的時間裡，而天才的作品對人的影響，在其一生中都是有益而且高尚的。功績能保留下來的一切只是記憶，而這一記憶也會隨著時間的流逝而日益減弱、模糊，直到最後被完全忘卻；除非歷史能重提舊事，使得往事如在眼前，直至成為永恆的記憶，傳給子孫後代。作品自身是不朽的，一旦被寫出，就會獲得永恆的生命力。

關於亞歷山大大帝（Alexander the Great），現

在僅存的是一個名字和史料，但柏拉圖、亞里斯多德、荷馬、賀拉斯則是活生生的存在，在今天他們仍然在對人類產生影響，就像在他們活著的那個時代一樣。《吠陀經》（*Vedas*）及其《奧義書》（*Upanishads*）在今天也依然和我們在一起，但即便是當時再廣為人稱道的豐功偉業，在今天連一點痕跡也找不到了。

功績還有另外一點不足，而它亦為此付出了艱苦的代價，這就是功績依賴於可能遇到的機遇。因此，功績獲取的名聲並非來自這行為的內在價值，而是根源於一些碰巧使得功績價值不菲，並使其披上光彩外衣的條件。

而且，如果功績所贏得的名聲屬於個人，例如在戰爭中獲取的名聲，那麼，它就要取決於少數幾個目擊證人的證明，而這些目擊證人並不總是存在的，即使存在，他們也不總是公正且不帶偏見的。

但這一不足可被這一事實抵消：功績具有實踐性的優勢，因此它能被一般的人所理解。一旦事實

得到了正確的報導，那麼人們馬上就會給予這些行為公正的待遇；事實上，如果我們不能適當地認識和了解行為背後的動機，就不可能了解任何功績，離開了造成這一行為的動機，功績就無法被真正地評價。

偉大的作品是不朽的

作品正好與此相反，作品的產生並不依賴機遇，只是完全取決於創作它們的人。從作者的本質和目的上說，無論他們是什麼人，只要作品還存在，他們就能保持如一。而且，要給予一件作品恰當的評價並不容易，它們的名聲越大，評價就越困難。

一件作品往往不能為人所理解，常常得不到不帶偏見或誠實正直的評論。但它們的名聲並不會因為某一次評論而一錘定音，它們可以借助其他的評論來建立自己的名聲。就像我曾說過的，功績留給後人的只有一種記憶，而且其留傳的方式由這些功績發生時的一代人提供；而作品除非散失了某些部分，否則傳給後人的就是它們自身原來的樣子。這樣，我們就不會歪曲作品的本來面目。

而且，原來對作品所抱有的偏見，也會隨著時

間的流逝而消失。而且往往只有經過漫長的時間，人們才能夠完全公正地評價這些作品。特殊的作品會引起特殊的評論，而對這些作品的評價行為會持續進行，這所有的一切綜合起來，就能形成對作品的深刻理解。雖然有些時候，這種理解要經過數百年的時間才能形成，此後不管時間怎樣流逝，這種理解也不會被推翻。所以，一部偉大的作品，必定會建立起不朽的名聲。

作者們是否能目睹自己的作品獲得名聲，要取決於機遇。他們的作品越高尚，越重要，則其看到自己的作品獲得名聲的機會便越少。塞內卡有一句十分精妙的格言：「名聲追求功勳如影隨形，有時在前，有時在後。」他還評論說：「雖然妒忌讓同時代人普遍沉默，但仍會有人不帶偏見地來評價作品。」

據此說法，我們可以看到，在塞內卡那個時代，就有那麼一些流氓無賴精於壓制有價值之物，惡意地保持沉默，採取視而不見的態度，並且將其藏匿起來，以便使低俗、拙劣的作品流行於市。即便在

今天，也有人常常以保持緘默的方式來表示嫉妒，而且這被看作一門高超的技巧。

一般來說，**名聲到來的越遲，維持的時間就越久**，這已成為普遍適用的法則。任何傑出的作品都需要時間來慢慢積累，它流芳後世的名聲恰如櫟樹，生長得非常緩慢；那些只能風靡一時的名聲，就像壽命只有一年的草木，迅速茁壯，迅速消逝；而虛假的名聲則如曇花一現，轉瞬即逝。

為什麼？其原因就在於，一個人越是屬於後世，換句話說，他越是屬於整個人類，那麼他便越不為他同時代的人所包容；因為他的作品並不只是寫給同時代的人看的，而是寫給整個人類。在他的作品中，不會沾上絲毫局限於自己時代的色彩；因此他所做的一切被同代人視為怪誕，而不能為人所賞識。

人們更欣賞在自己短暫一生中有過多種經歷的人，喜歡具有時代氣息的人，喜歡那些屬於這個時代，並與這個時代同生共死的人。

別指望他人欣賞你，你要學會自我欣賞

　　文學、藝術的通史告訴我們，人類心靈的最高成就取得，一般從一開始就是不順利的，這種情況一直維持到它們引起了天才們的注意為止，才擺脫了鮮為人知的窘況。偉大的精神使它們獲得了權威，憑藉天才們的影響，它們贏得了它們所保持的地位。

　　如果有人探尋其中的奧祕，那麼他將會發現，**人們最終都只能真正理解和欣賞與自己本性相同的事物**。遲鈍的人只能理解遲鈍的東西，普通人只會欣賞尋常的事物，頭腦混亂的人對混亂的思想產生興趣，而沒有腦子的人則喜歡愚蠢的事物。

　　與讀者本人意氣相投的作品，最能獲得這個讀者的喜愛，因為作品中完全體現了這個人的性格。古老的、記憶力驚人的希臘喜劇作家埃庇卡摩斯（Epicharmus）認同這一真理，他說：「如果有人自

命不凡，我們絕不會驚奇，還會認為這完全是正常的，對於狗來說，世上最好的東西莫過於一隻狗，對於牛來說，最好的東西是牛，對於驢來說，對於豬來說，莫不如此。」

要推動一個很輕的物體，就算用最強勁有力的手臂也是徒勞無益的，我們並不能讓它飛得很遠，並有力地擊中目標。這個物體自身並沒有足夠的重量用以接收外力，因此很快就會落到地上。

偉大而高尚的思想、天才的傑作也會遭遇這樣的情形：欣賞它們的只是那些卑微、邪惡、墮落的心靈，這真是一件在任何時代都會令智者悲哀的事情。耶穌‧便‧西拉（Jesus ben Sira）宣稱：「**給一個愚人講故事，就像跟一個昏睡的人說話一樣**。當故事講完，他會問：『**你說的是什麼呀❶？**』」

哈姆雷特說：「下流的話正好讓它埋葬在傻瓜的耳朵裡❷。」歌德也說過同樣意思的話：「愚蠢者的

---

❶ 參見《便西拉智訓》（*Book of Sirach*）第 22 章，第 8 節。
❷ 參見《哈姆雷特》（*Hamlet*）第 4 場，第 2 部分。

耳朵嘲笑聰明人的話語。我們不會因為人們愚昧而洩氣，因為將石頭扔進沼澤是不會發出迴響的。」

德國科學家利希滕貝格（Lichtenberg）問道：「頭和書碰撞時，會發出空洞的聲音，那麼這空響難道就總出自於書嗎？」他還說：「這樣的書就像一面鏡子；一頭蠢驢看鏡子，是不可能從裡面看到聖徒的。」我們應當牢記神父蓋勒特（Gellert）既精采又令人感動的悼詞：

最好的禮物通常極少人欣賞，
大多數人將邪惡視為善良。
沒有任何東西能夠阻止每天的邪惡，
它就像瘟疫一樣，無可救藥。
只有一件事可以做，儘管那無比困難！
愚蠢的人必須獲得智慧——而這從未發生過。
他們從不知事物的價值，
只知用眼睛而不知用心靈去看世界。
他們沾沾自喜於一些細枝末節的事情，

因為他們從不知善良是什麼。

理智的無能，再加上人類精神的卑劣——在任何地方都發揮作用的品性，它在這裡採取了忌妒的形式，這樣，正如歌德所說，卓越的善不能為心智低下的人所認識和欣賞。

一旦一個人獲得了名聲，那名聲使他出人頭地，而他的同伴則相對卑微了，所以每一個有非凡功勞的人所得到的名聲，都是以犧牲那些並不曾得到名聲的人為代價的。

歌德在《西東詩集》中說過類似的話：「讚美一個人便是貶低另一個人。」我們看到，不管是傑出還是平庸的人，又或者是大部分普通人對比採取什麼樣的形式，他們都會聯合起來反對功績，謀劃抵抗它，如果有可能便壓倒它。這個聯盟的口號就是「打倒功績」。

那些自己已經取得了某些成就，並以此獲得了名聲的人，也不願看到其他人享有新的聲譽。因為

新聲譽所發出的光彩，會令他們的名聲黯然失色。
因此歌德也說：「如果生活必須要靠別人的恩賜，那
麼我們就不會活在這世上了；人們都希望自己是至為
重要的人物，但他人總是樂於忽視我們的存在。」

你的能力要配得上你的名聲

　　榮譽總是能得到美好的稱讚，它也不會遭受妒忌攻擊，如果沒有充分證據說明一個人並沒有擁有榮譽，那麼，眾人便認為他是有榮譽的人。人們雖然妒忌名聲，但又必須建立名聲，負責將桂冠授予要求名聲之人的法庭，從一開始就對申請者持有偏見。

　　我們可以隨時和別人分享榮譽，但獲得了名聲的人卻會貶低名聲，或者看到有人接近它便加以阻撓。而且，如果閱讀某一作品的人數越多，那麼這一作品所獲得的名聲便越大，所以學術專著和那些僅僅為了讓讀者消遣娛樂的作品比較起來，知名度要小得多。而撰寫哲學著作以獲取名聲，就更是難上加難了，因為哲學著作旨在求得一些模糊不清且不實用的結論。同時，從物質的觀點來看，它是毫無用處的；主要是那些自身即在哲學領域中耕耘的人，才會

對哲學著作感興趣。

　　所以，從我所說贏得名聲的艱難中，可以很清楚地認知到，那些並不是出於對他們事業的熱愛，也不是因為在寫作中能得到愉悅，而是因為野心勃勃要獲取名聲而勤奮努力的人，可以說是極少或絕不會留給人類不朽的作品。

　　那些追求善良而純真事物的人，一定會避免寫出邪惡的作品，並且會時刻抵制群盲們的意見，甚至蔑視它以及其代言人。這句話極為正確，名聲總是逃避追求它的人，卻會追隨逃避它的人；這是因為前者投合自己同時代人的口味，但後者則無視它。

　　贏得名聲固然困難，但是得到名聲後要保持它卻非常容易。名聲與榮譽恰成對照，每個人都可能被認為是有榮譽的。榮譽彷彿與生俱來，所以人們不必去謀取它。但要保持它卻非常困難！因為僅僅一個拙劣的行為，就可以使榮譽一去不復返。相比之下，名副其實的名聲絕不會真正失去，其原因就在於，一個人賴以獲取名聲的行為或作品幾乎是永遠不

會消失的，儘管他並沒有再做任何與這名聲相配的事情，但名聲仍然伴隨著他。

如果名聲真的消失了，或因久享盛名而失卻名聲，那麼只能說明這名聲是虛假的，換句話說，他不配享有這種名聲，人們是因為對他的作品予以過高的估價才給予了他這種名聲；要麼，就像黑格爾（Hegel）所享受的那一類名聲，利希滕貝格這樣描述過：「由一小撮狂熱的大學生大吹法螺吹出來——一群空虛的腦袋瓜子發出的迴響，這種名聲就像意志一樣，讓後人恥笑，人們可以在這裡碰見一些由稀奇古怪字眼所組成的結構，在這精美的鳥巢裡，安息著很久以前飛翔過的鳥兒，當子孫後代敲開這座流俗因襲的腐朽建築物大門時，會發現裡面一無所有！那不過是一處連自信邀請路人進門都做不到的毫無思想痕跡之地而已。」

事實上，名聲只是一個人相比起他人而言的本質，事實上，這種本質是相對的，所以它也只具有相對價值；因為一旦其他人和享有名聲的人處在對等位

置，那麼名聲也就煙消雲散了。只有一個人無論在何種情況下都能擁有的事物，才具有絕對的價值，在這裡，我指的是他自身最直接擁有的事物。

所以，**人必須擁有高尚的心靈和傑出的才智，而不只是名聲；擁有那真正有價值的事物，我們才會幸福。**人們尊敬的並不是名聲，而是使人獲得名聲的具體事物，這就是名聲真正的本質。而能以此獲得的名聲，只不過是一種偶然的意外而已，名聲主要是作為一種外在的標誌對人產生影響，能夠使人更加堅定他對自己的高度評價。

因此，正如光本身是看不見的，除非遇到能夠反射它的物體，天才也只有當他名聲在外的時候才能得到認同。但是名聲並不代表真正的功勳，因為得到名聲的人們可能並沒有功勳；這正如德國作家萊辛（Lessing）說的：「有人得到了名聲但並不相配，有人應當聲名顯赫卻默默無聞。」

如果生活的價值只由別人的思想決定，那這種生活方式就是可悲的。如果一個英雄或天才所具有

的價值就在於他擁有的名聲，即贏得整個世界喝采的話，那麼，他的人生就確實是悲慘的。**因此，每個人都是為自己而活。**

人是什麼，以及所生存的方式，與其說和其他人有關，倒不如說和自己有關。所以，如果一個人的本性欠缺價值，那麼他這個人也就欠缺價值。別人對他的生活方式的看法是次要的、衍生的，最終只能間接地對他產生影響。

除此之外，對於自己的幸福來說，依靠別人的頭腦是一種不幸，得不到真正的幸福，而只能得到一種虛幻不實的幸福。

最真實的名聲，是流傳身後之名

　　在這座名聲的聖殿裡，真是魚龍混雜！將軍、大臣、庸醫、騙子、舞者、歌手、富豪、猶太人……在這裡，人們的讚譽越真誠，那麼敬意便越赤誠，這座殿堂對這樣的極少數幾個優秀人物極為熱心，卻並非為著高尚的靈魂和傑出的才智。對於這兩者，絕大多數人只是口頭上給予稱讚。

　　從人類幸福的角度來看，名聲只是投合我們驕傲與虛榮口味的稀有、精美佳餚——這種貪欲毫無節制地存在於所有人身上，只是被小心地隱藏起來了，或許在那些滿心巴望著、不惜任何代價使自己顯聲揚名的人身上最為強烈。一般來說，這樣的人在走運之前，必須尋找出沒無常的時機，讓自己的價值接受檢驗，並讓其他人明白自己是怎樣的人；但是在那之前，他們覺得自己受到了某些不為人知的、不公

正的對待。

　　不過，正如我在這一章開頭所說過的，**不合理的價值是以其他人的評價為基礎的**。它和真正的價值並不相稱。英國政治學家霍布斯（Thomas Hobbes）言詞激烈地對這個問題表達了自己的看法，他的觀點無疑是十分正確的。

　　他寫道：「當我們同別人比較，並得出我們自己更優秀的結論時，精神的愉悅和某些心醉神迷的欣慰便會油然而生。」所以，並不難理解常和名聲聯繫在一起的這種實在的價值，就像那些已損失的東西一樣，只要有一點兒想得到它的念頭，我們就會感到這種犧牲品的價值。彌爾頓（Milton）在《利西達斯》（*Lycidas*）中說：

　　　名聲是興奮劑，它玷汙了高尚的心，
　　　使純潔的靈魂蔑視快樂，過著辛勞的日子。

　　還說：

要攀上這個頂峰是多麼困難，

名聲的輝煌殿堂在那遠處熠熠發光。

這樣我們就會明白，為何世界上最虛榮的人，整日把榮譽掛在嘴邊，除了對它有絕對的信仰，還將它視為激勵人們做出偉大行為和創作出不朽作品的原動力。但是，無可爭辯的事實卻是，名聲只是次要的，只是價值的一種回聲和反映，就好像一道影子或一個標記。

不管怎麼說，能夠引起敬佩的，必定比敬佩本身更有價值。事實上，使一個人得到幸福的並不是名聲，而是使他獲得名聲的特質，是他的功績，或者更準確地說，是締造這種功績的性情和能力，不管這種性情和能力是道德上還是才智上的。

一個人天生最出色的方面，必定對他自己是極其重要的，而不是對其他人；而對它的反映，也就是存在於其他人腦子中的看法，其重要性都是次一級的。配享名聲而沒有獲得名聲的人，擁有幸福的最

重要因素；他所缺乏的盡可以從他的實際擁有中得到寬慰和彌補。

我們羨慕一個偉人，並不是因為他被那些無能的群盲和缺乏判斷力的人們視為偉人，而是因為他確實是一個真正偉大的人。他的幸福在於，其創造了有價值的思想並被人們珍藏，在千百年後仍然為人們所研究，而並不在於後人如何傳頌他。

如此，他便擁有了某種無法被剝奪的東西，這和名聲不同，而完全取決於他自己。如果一個人的主要目的就是尋求他人的讚美，那麼他就沒有什麼值得讚美的。虛假的名聲正是這樣，即他雖然得到了名聲，卻不配這名聲；獲得這種虛假名聲的人享受名聲帶來的好處，但卻並不具有贏得名聲的堅實基礎，名聲僅是這種基礎顯露在外的標誌。

虛假的名聲一定會使擁有它的人對自己不滿，因為儘管這種假象會產生自欺，但一旦他處於自己尚未合適攀登的高峰，就會頭暈目眩；或者會把自己看成一位冒名頂替者，他時刻害怕被人發現，害怕榮

耀成為泡影，他會在有識之士的臉上看出這樣的意思──他真像那些靠偽造遺囑而騙取了財產的人。

　　名副其實的名聲，也就是流傳身後的名聲，並不為這名聲的主人所知曉，然而我們仍認為他是幸福的人。他的幸福就在於：**他具有使自己獲得名聲的真實特質**，同時，也在於其能有機會發揚這些特質，並能以適合自己的方式行事，專心於所喜愛的研究，因為只有這樣創作出來的作品，才能獲得後世的名聲。

　　他的幸福還在於偉大的心靈或健全的精神財富──當這些內在價值在他的作品上打上深深的烙印，便會得到後世的讚揚。那使他幸福的思想，將會流芳百世，無數代心靈高尚的後人持續不斷地對其進行研究。流芳百世的名聲價值在於這一名聲的實至名歸，這就是名聲的報答。註定要獲取名聲的作品，是否能在作者所處的時代得到名聲，那只是僥倖的事情，並不是很重要。因為一般人缺乏鑑賞力，而且也絕對意識不到創作一部偉大作品的艱難，所以人們常常受權威的擺弄。名聲在他們那裡被弄得氾

濫成災了，這意味著，百分之九十九的人單憑他人的景仰便可得到它。

如果一名智者活著時便聞名遐邇，那麼他是不會太在乎這名聲的，因為那不過是幾陣聲音在引起迴響而已，而那些聲音也不過是一時的產物。

如果一位音樂家知道，他的聽眾除幾個人外全是聾子，這些聾子為了掩飾耳聾，每當看到那幾個人歡呼便立刻熱烈地鼓掌，那麼他還會為聽眾的掌聲雷動而高興激動嗎？如果當他知道，那幾個人是因被收買而為最蹩腳的演奏者高聲喝采時，他又會做何感想呢？這樣我們就能很容易理解，為什麼同時代人的讚譽很少能夠成就不朽的名聲。

什麼樣的人容易出名？

　　法國科學家讓・勒朗・達朗貝爾（Jean le Rond d'Alembert）曾這樣評論過著名的文學家：「在文學這座殿堂裡，住著一些已死去的偉人，他們活著時在這裡毫無地位；還住著一些活著的人，但隨著死神降臨，他們便立刻被趕出了這座殿堂。」在這裡我順便說一句，為活人樹立豐碑，就等於說無法相信後人會銘記他。

　　如果有人在生前就碰巧能享受到真正的名聲，那麼這種事情一定也極少發生在年輕時期。或許，這樣的例外更多發生在音樂界和藝術界，但卻極少發生在哲學家身上。

　　從那些因為其著作而聞名的人物肖像來看，就更可以堅信這一點，因為大多數肖像是在人成名以後畫的；一般來說，畫家們都表現的是他們年老的模

樣，有的滿頭華髮，如果是一位尚健在的哲學家，則更是這樣。從幸福主義者的角度來看，這樣做是非常恰當的，因為對於一個註定要死亡的人來說，既獲得了名聲又年輕，那就太過分了。

年輕人靠自有的財富便足夠了。然而，當到了老年，生活的快樂和消遣就猶如秋天的落葉，一去不復返了，也就在這時，名聲才像冬青樹一般適時地開始萌芽。所以，名聲就像這樣一個水果：整個夏季都在成長，只有到聖誕節才能享用。

到了老年，再也沒有什麼比這種想法更能讓人寬慰的了：「我們在年輕時已經把全部的活力都灌注到了著作中，而這些著作至今仍然年輕。」

最後，我們主要來討論一下因各種對智力的追求而獲得的名聲，因為我的評價與這類名聲的關係更為直接一些。

我認為，從廣義上說，傑出的智力就在於形成理論，也就是對某些事實重新整理並組合。這些事實可能迥然相異，但這些事實一旦越容易認識和越屬

於我們日常經驗的範圍，使它理論化而獲得的名聲也就越大。

例如，如果所談到的這些事實涉及某些特殊的科學分支，如物理學、動物學、植物學或解剖學，或古代作家的斷章殘篇，或是用一些人不識的字母所書寫且難以破譯的碑文，又或者是歷史上的疑難點，要獲得這種名聲，就得對各種材料進行一番勘正，這種名聲只流行於那些研究這些學問的人群中，不會超出這個範圍。

因此這種名聲只在極少數、通常過著隱居生活的人之間傳播。他們對於在他們這一領域裡聲名卓著的人心懷妒忌。

假使這樣的事實就像大家所了解的那樣，如：人類心靈或人類心智的基本特點是任何人都具有的，我們就能看到真正的自然力量正持續發揮作用，或看到自然規律的一般進程，那麼，透過傳播說明這些新穎而正確的理論所獲得之名聲，便會及時地在整個文明社會傳開。因為，如果每個人都能理解這樣的事

實，那麼一般人也能理解這種理論。

但名聲傳播的範圍也與我們所克服的困難大小有關，**這些事實越是為一般人所熟知，那麼越難形成一種新穎而正確的理論**，因為這些事實已在大部分人的頭腦中盤踞，幾乎不可能說出以前從來沒有說過的道理。

另一方面，只有經過大量艱苦卓絕的奮鬥，才能讓人們接受那些之前很難接受的事實。這樣的事實幾乎都能重新組合並形成新的理論。

所以，如果一個人擁有了健全的理解力以及判斷力——這並不需要極高的智力，並運用到這些事實，人們便能毫不費力地、幸運地得到關於這些事實的新穎而正確的理論。

然而由此獲得的名聲受限於人們對事實的理解程度。無可置辯，即使只是為了理解這些事實，也需要進行大量艱苦的研究工作，但在贏得顯赫名聲這條途徑上，甚至根本無須付出任何勞動也能領會這些事實。

但是，一個人所需付出的勞動越少，對他的天賦或才能的要求就越高；在創造的價值和受到人們尊敬方面而言，艱苦的研究工作是不能與才能的價值相提並論的。

耐得住寂寞，才享得了盛名

　　那些自認為具有健全的理智和判斷力，但又不相信自己是天才的人，並不害怕艱苦的研究工作。因為只有依靠勤奮努力，才能使自己在眾人中脫穎而出，抵達天才所抵達之處。而透過艱苦的學習，就能理解這些。

　　在這個領域，鮮有競爭對手，唯有具節制力的人，才可能找到機會發現既新穎又真實的理論，**而他的發現價值，有一部分取決於他所面對的舉證困難。**

　　但是，大眾只能遙遠地聽到他因此獲得的喝采聲——這些喝采聲來自他具有專業知識的同行。如果要探究這類名聲，我們最終就會明白，無須形成自己的理論，只要接觸到了那些極艱難的事實，便足以奠定這種名聲的基礎。

　　例如，一個人在那些遙遠而陌生的國度裡旅

行，使他建立名聲的是他的見聞，而不是他的思想和觀感。這類名聲的最大長處就在於，講述自己的所見所聞，要比表明自己的思想更加容易；描述更易為人所理解，而非觀念；描繪性的書籍要比思想性強的書籍更容易閱讀。所以，阿士莫斯（Asmus）說：

> 只有遠走他鄉，漂洋過海，
> 歸來時他才有故事可講。

與一個著名的旅行家交往，常常會讓我們想起賀拉斯所說的這樣一句話：「新景象並非一定意味著新思想。」一個人如果發現自己具有很強的精神力量，那就應該去解決那些最為艱深的難題，如有關整個自然和全人類的問題。所以他應把自己的研究深入各個領域，避免在一些岔道上走得太遠，而迷失在一些鮮為人知的領域。

換言之，不要太過糾纏於某些特殊的知識，或某些細枝末節的瑣碎問題，亦不必為了逃避為數眾多

的競爭對手，而陷入一些艱深偏僻的問題。他從普通的人生中便可以得到足夠的素材，從而形成嚴肅而真實的新理論。

他的努力會得到大多數人類成員的稱讚，因為其所談論的那些問題為他們所熟悉。詩人和哲學家獲得的名聲與研究物理學、化學、解剖學、礦物學、動物學、語言學、歷史學的學者所獲得的名聲之間，存在著巨大差別，原因就在於此。

「人必須擁有高尚的心靈和傑出的才智，

而不只是名聲；

擁有那真正有價值的事物，我們才會幸福。」

Part 7

內心的寧靜是幸福的根基

我們既不應該沉溺於對往事的追悔惋惜，
也不應該因牽掛未來而思緒不寧、焦慮企盼，
而應該牢牢記住：
只有當下才是實在的、確定的。

要有縱觀全局的眼光

建造一所房子的工匠，可能一點兒也不了解這所房子的總體規劃，或者，至少他無法面面俱到地考慮到它。對於人來說也是這樣：他很少在自己生命時光的流逝中，把生命當作一個整體來考慮其特徵。

假如一個人的生涯中有某些有價或重要之物，假如他為某項具體工作費盡心思，那麼，他人生的輪廓也會越加清晰，對生活的規劃就顯得不僅十分必要而且適宜了。當然，他還必須運用「認識你自己」這句格言，也必須非常了解自身的技藝，才能夠做到這一點。

他必須明白，什麼是生活中最主要的、最真實的目標；亦即為了得到幸福，什麼是自己最需要的。而且，他還要明白，什麼是在自己思想中依次占有第二、第三位的目標。他必須了解，總體上，

什麼是他的天職、應盡的責任，以及他與世界的一般關係。假如他為自己的重要工作做了大致規劃，那麼，只要瞥上一眼他的生活藍圖，就能使他得到激勵，使他變得高尚和完滿，使他遠離錯誤的道路。

此外，就像一位登高的旅遊者，要想得到通盤的概觀，只有越過他腳下蜿蜒曲折的道路，放眼去看；因此，只有當我們把人生旅途中的某個階段走完時，才能認清自己所有行為之間的真實聯繫 —— 也就是我們做了什麼，並擁有了什麼。只有到那時，才能明白自己一切努力的價值所在，以及精確的因果鏈條。

因為，只要還置身於當下的生活瑣事中，我們的行動就總是以自己的天性為依據，並且總是受到情感的左右或能力的限定。簡單來說，我們一直都被自然規律制約著，時時刻刻都在從事自己認為正當的事業。只有到了尾聲，在回首整個人生旅程及其總體結果時，才會最終明白它的所有奧祕。

實際上，當我們正在創造某件不朽作品或進行

某項偉大事業時，所考慮的只是達到眼前的目的，是完成當時的計劃，做目前的事，而沒有意識到這件事本身的偉大。

只有當最終把人生作為環境相扣的整體來看時，我們真實的特質和能力才能展示出來；此刻也才能明白似乎是某種幸福的靈感，在形形色色的情境中，引導著我們走向唯一真實的路途，避開可能使自己趨向毀滅的千百條道路。這是一種既能夠在偉大的精神裡被感知，也能夠在世間事物中被察覺，引導我們的創造力；另一方面，我們也可能以相同的方式造成不幸和災難。

生命在於把握當下

　　在關注現在與未來這兩個著眼點之間保持恰當平衡，以免因為過多地關注其一而損害另一個，是理智行為的重要因素。多數人或者過於重視現在或者沉溺於未來，總是愁思滿腹，憂心忡忡。只有少數人可以在兩個極端之間保持平衡。

　　那些將希望寄託在未來，為之努力奮鬥，並只生活在未來的人，對那種將要來臨的事物總是翹首以盼、迫不及待，似乎一旦得到，就能獲得幸福，雖然那些人氣度非凡、聰明絕頂，嚴格來說，就和人們在義大利看見的短尾猴一樣，支撐著他們的是希望得到它的動力，這種動力使他們一直急急忙忙，緊追不捨。那事物總是恰好出現在些人的前面，而他們則總是想盡辦法地得到。

　　就其整體存在而言，這種人置身於一種恆久虛

幻的情境之中；在一種短暫的臨時狀態中持續生活著，直到最終走完其人生旅途。

所以，我們既不應該沉溺於對往事的追悔惋惜，也不應該因牽掛未來而思緒不寧、焦慮企盼，而應該牢牢記住：只有當下才是實在的、確定的；過去常與我們曾經預料的相去甚遠；未來也總是無一例外地使我們的希望落空。總而言之，不管是過去還是未來，都沒有我們想像中重要。相同的物體，因為間距遙遠，在肉眼看來相對較小，但思想卻能夠把遙遠之物想像得很大。

唯一真實可行的就是現在；只有它是富有現實性的時刻，我們的生存也正是在這絕無僅有的時刻才無比真實。所以，我們應該永遠為此而充滿歡樂，並把它應有的歡迎還給它，因為充分意識到它的價值，盡情享受每一時刻的快樂，而從痛苦和煩惱中解脫。如果對過去希望的落空難以釋懷，又對未來的前景焦慮不安，我們是做不到這一點的。

由於為陳年往事懊惱和為未來擔憂，而妨礙了

眼前的幸福，或拒斥現在的幸福時刻，都是極為愚蠢的。當然，人一生中總有某些時候是憂心忡忡或抱憾終身的。然而，一旦往事成為歷史，為使我們的情緒得以緩和，我們就應當想想，逝者如斯，並向它揮手告別──必須消除心靈對過去發生之事的悲傷，而使心情保持愉快[1]。

至於未來，只能認為它不在人力所及的範圍內，只有神知曉──事實上，神正掌握著此等事[2]。至於現在，就讓我們記住塞內卡的忠告：「盡我們最大的努力去愉快地迎接它，因為這是我們僅有的真實時刻。」**愉快地度過每一天，似乎我們的全部生命就在這每一天中。**

能夠侵擾我們的，只有那些勢必會在某個不確定的時刻，降臨到自己身上的不幸，可是，幾乎沒有什麼能夠對此做出完滿的說明。因為不幸或災難有

---

[1] 出自《伊里亞德》（Iliad），第 14 章，第 65 節。
[2] 出自《伊里亞德》，第 17 章，第 514 節。

兩種類型：或者只是一種可能，即便是極大的可能；或者是無法避免的。就算是那些難以避免的災難，也不能確定其發生的具體時間。如果一個人總是保持戒備，那麼，他便永遠無法得到安寧。

因此，倘若我們不想因為對災難的恐懼而將生活中的全部樂趣通通放棄，我們就應該要麼把它們當作根本就不可能發生的災難，要麼把它們當作短時間內不會發生的災難。

然而，一個人心靈的寧靜越是能夠不被恐懼所侵擾，就越是可能會被欲望和期待所騷動。這就是歌德那首詩的真實含義：「我已將一切拋卻。」而它適用於所有人。

唯有當一個人拋棄所有虛偽自負並且求之於非文飾的、赤裸裸的存在時，才能夠達到人類幸福的根基，即心靈的寧靜。心靈的寧靜是一切片刻享樂的本質；而且，人生之樂一眨眼就沒了，必須抓緊現在的每一分每一秒。我們應當一直牢記：今日只有一次，一旦失去，就再也回不來了。我們總覺得明

日還會來;然而,即將來臨的明日已是新的一日,而且,它也是一去不復返的。

每一天都是一個整體,所以也是生命中無法被替代的一部分,然而,我們經常忘記這一點,卻習慣於把生命看成無法重複體驗的抽象概念,認為每天都是只是一個獨立事件,如歡欣愉悅或心情沮喪的一日,且並未活在當下。

如果我們能夠反思在憂愁和病痛的日子裡,記憶中那些無病無憂的時刻有多讓人心生嚮往——就好似一位值得珍視的朋友,或是一個失落的天堂,我們更有可能在幸福且充滿生氣的美好日子裡,盡情地欣賞和享受當下。

可是,我們在歡度幸福時刻時卻沒有珍惜當下,只有在災難將要來臨時,才希望它們能夠歸來。在無聊的事務之中,我們任由無數歡樂和愉悅的時光被消磨殆盡;我們經常因為各種不愉快的瑣事而與這些愉快的時刻擦肩而過,一旦災難降臨,我們卻又會為了它們徒然空嘆。

當下的那些時刻，哪怕它們並不是平凡而普通的，我們總是漫不經心地消磨過去，甚至不耐煩地敷衍過去，而事實上它們才是我們應該引以為傲的時刻；人們從來沒有想過流逝的時光正不停地把現在變為過去。

　　在往惜的聖殿裡，記憶被永久地保存，並讓一切變得理想化且永遠閃爍著光芒。後來，特別是在自己面臨窘境的時候，記憶的面紗才會被揭開，而我們則因無法回到當下而為之終身遺憾。

生活越聚焦，幸福越豐滿

幸福是被設限的。我們的幸福受到自身的視野、工作範圍、接觸的圈子所制約和界定，並與其協調相稱。而擔憂和焦慮，也會隨著原先範圍的擴展而變得越來越嚴重；因為這表示我們的煩惱、欲望和恐懼在不斷增長和強化。這就是愚昧無知者並沒有我們想像的那樣不幸的原因，不然的話他們臉上的表情就不會這麼溫順、安詳了。

幸福之所以是有限的還有一個原因，那就是與前半生比起來，人的後半生要更為淒涼冷寂。隨著時光流逝，我們的視野不斷擴展，與世界的觸點也在不斷延伸。童年時代，所能看到的只有周圍狹小的範圍；青年時代，則視野有了引人注目的拓展；到了中年時代，我們的視野已能夠包容自己活動的所有範圍，甚至還向更遙遠的領域伸展，比如操勞、憂煩國家或民

族的大事；而到了老年時代，還要牽掛子孫後裔。

哪怕是在精神活動中，人們對幸福的追求肯定也是有限的。因為，意志越是能夠保持冷靜、不躁動，所遭受的痛苦也就越少。我們知道，痛苦的狀態是正面的，而幸福的狀態則是負面的。

為了突出意志的內驅力❶，我們限定了外在活動範圍；而為了讓意志躁動不安的內趨力泉源乾涸，則收束了精神領域。

後一種收束經常會碰上麻煩，即它為那些讓人感到無聊的事物敞開了方便之門；一個人為了擺脫無聊，將利用各種便利的方法，比如閒蕩、揮霍、社交、娛樂、飲酒等，這些方法將帶來墮落、災難和不幸。一個人要是無事可做，就難以保持心靈的寧靜。

而那種對外在活動範圍的限制有利於獲得幸福，甚至可以說，它們都是人類獲得幸福的必然條

---

❶ 編註：內趨力：是指人們出於內在興趣和滿足感而驅動自己從事某種行為或活動，而不是因為外部的獎勵或壓力而行動。

件。人們可能注意到一個事實，描寫人類幸福生活、安寧心境的詩，也就是那些質樸宜人的田園詩，所表達的通常是生活在單純狹小環境中的人，而這一點正是田園詩意境中的核心與本質。與此同時，它還是一種情感，即我們在欣賞所謂的風俗畫時，所體驗到的那種愉悅本質。

所以，倘若簡陋質樸乃至單一不變的生活方式，並不使我們感到厭煩乏味的話，那麼，它對我們的幸福還是有益的；因為，正是在這種境況中，生活連同其不可避免的重複更少被人察覺到：它像涓涓的小溪，悄然流逝，是如此平靜，甚至沒有引起一絲波紋或漩流。

一個人傾注全力的是什麼事物，決定了他是幸福還是痛苦。在這方面，單純的腦力工作發揮的是精神自身的能力，通常來說要比其他形式的生活實踐享受到更多的幸福，因為後者一般會在成功與失敗的不停更迭下，以及因此產生之種種不安和痛苦的折磨中沉陷。

需要說明的是，只有具備傑出的理智能力才可以從事這種腦力工作。對此需要稍加解釋，一個人如果致力於外在世界的活動，不僅會分散注意力，使其無法專心從事理智研究，還會喪失腦力工作所必需的心靈寧靜；另一方面，在進行長期的純理智思索之後，也很難再適應現實生活的喧囂嘈雜。

所以，倘若環境允許的話，即如果某些世俗事務不需要較高理智能力的話，也可以適時地使腦力工作暫停片刻。

「愉快地度過每一天，
似乎我們的全部生命就在這每一天中。」

Part 8

合理支配慾念，才能使內心安寧

我們必須對自己的希冀加以限定，
對欲望加以壓制，對憤怒加以削減；
而且，要永遠牢記：
個人所能得到的，
僅是他應具有的東西中非常少的部分。

別讓忌妒之火灼傷自己

忌妒是人的本性，它能迅速成為一種邪惡並帶來悲痛與苦難[1]。我們要把它視為美滿人生的宿敵，要像消滅其他所有惡念一樣，熄滅心中的忌妒之火。

這是塞內卡對世人的忠告，就如他所言：「將自己的人生與別人的幸福比較，是對自己的折磨，如果避免這種行為，那我們將會滿意自己所擁有的一切。」、「假如別人生活得比我們好，那就想想還有多少人身陷囹圄[2]。」

事實上，當災難真的降臨到頭上，最大的安慰恰恰是意識到還有比我們更悲慘的人，雖然這與忌妒同根同源；其次是意識到世界上那些與自己有類似遭

---

[1] 忌妒展示了人們是如此不幸；他們一直關注別人做了什麼，沒做什麼，表現了他們有多麼苦惱。

[2] 出自《道德書簡》（*Epistulae Morales ad Lucilium*）第 15 章。

遇的人，他們分擔著我們的不幸和苦難。

關於忌妒，我們大可認為是針對別人的。倘若自己遭遇他人的忌妒，就要永遠牢記：沒有哪一種仇恨能比由忌妒而生的仇恨更加根深蒂固；所以，必須要謹小慎微，以免遭人忌恨；而且，像其他各式各樣的不幸一樣，因為其後果的嚴重性，也絕不能玩弄可惡的忌妒之火。

貴族有三種類型：（1）貴在名分；（2）貴在財產；（3）貴在精神。而第三種是真正最高貴的，它以何能榮踞首位的資格，最終也會被人們意識到。卓越的腓特烈二世（Frederick the Great）也認同這點。國王內侍對將軍和大臣們都要屈位於內侍之下，但伏爾泰卻享有與國王及皇室成員同席的特權表示驚訝時，腓特烈二世大帝對他說：「精神上的超群絕倫是至高無上的。」

上述貴族的三種類型都令人忌妒艷羨。無論你是哪一種類型，都會受到暗箭的攻擊；若無恐懼威懾，忌妒者就會一直焦慮不安，只因擔心你明白你其

實比他們優越。這種焦慮不安讓他們真實存在的忌妒心暴露無遺，也恰恰是這一點，讓你認清了忌妒者的真面目。

如果你遭人忌妒，那就應該和心懷忌妒的人拉開距離，且盡可能避免與他產生任何聯繫。這樣就在你與他們之間形成了一條難以逾越的鴻溝；如若做不到這一點，那麼，就泰然自若地迎接他們的攻擊。在這種情況下，以彼之道還施彼身是最好的方式。通常來講，大家都是這麼做的。

上述三種貴族之間基本能和諧共處，相安無事，他們之間沒有忌妒，因為他們各自的優越性會導致一種平衡。

沉著冷靜地應對災禍

在一項計畫付諸行動之前，需要審慎和周密的考量；並且，就算已經在心中反覆思考過，但人類自身判斷力的局限性，也會造成各種問題；何況意外情況時有發生，例如，常常會突然出現各種無法預見的狀況，讓精心謀劃變成一場空。這是從反面來考慮問題，它告誡我們在重大問題上不要做一些徒勞無功的事，不要將寧靜擾亂。

不過，一旦下定決心並開始行動，就要堅持下去，直到做出成就，既不能讓新想法對已經做出的決定做出干擾，也不能對未知的風險心生顧慮，而要讓你的意志徹底掙脫這些困擾，不再去對它們進行探究，要相信你已經在適當的時機慎重地考慮過這些問題了。

同樣的忠告也出現在一則義大利格言中，歌德

是這樣翻譯它的：「欲騎則須細備鞍，上馬則應勇向前[1]。」

倘若你以失敗告終，那也是因為生活這場遊戲本身就是充滿僥倖和失誤的。就連最偉大的智者蘇格拉底也需要其守護神的忠告，好讓他在自己的個人事務中能夠正確行事，或者，至少不犯錯誤。這證明人類的理智無法完全勝任它所承擔的重負。

有這樣一種說法，據說最初來自亞歷山大・波普（Alexander Pope）的作品，認為當我們遭遇不幸和災難時，至少在某種程度上，自己難辭其咎。假如說，並不是絕對每次都是這樣，但也一定在絕大多數情況下都是這樣。看上去，這似乎與人們為了逃避不幸而竭盡全力地奮鬥有莫大的關係，因為他們害怕自己所遭遇的不幸，會使他們應承擔的過失暴露，所以他們總是樂觀地對待來臨的災難。

當災難已經發生，且不能加以改變的情況下，就

---

[1] 順帶提及一點，讀者可能已經注意到，歌德以《諺語》為標題發表的許多格言，都是翻譯自義大利文。

不該再為當初感到後悔，更不能說或許用這樣或那樣的方法就可以避免它；因為這種反省只會增加自己的痛苦，並使其變得愈加無法忍受，如此，你將會成為一個自我折磨者。我們還是向《聖經》中的大衛王學學吧，一旦他的兒子因病臥床不起，他就會一直祈禱，懇求耶和華能讓兒子康復如初。不過，當兒子死去時，他卻只打了一個清脆的響指，之後就不再為這件事費心了。

倘若災難降臨時，我們不能繼續無憂無慮地生活，那就只有向宿命論尋求安慰了，我們將清楚地知道這一論點：若要發生，必然會發生，所以這些都是無法避免的。

不管這一忠告多麼真實可信，它都是不完整且片面的。但當災難確實發生，我們因忠告而獲得短暫安寧時，這一忠告的作用就是巨大的；但是，當你的不幸來自自己的愚昧或輕率，或者，至少在一定程度上是自己的錯誤所造成，此時考慮怎樣去避免這種盲目或錯誤，則是有益的。

雖然這是個非常敏感的問題，但透過時常反省思考，能使我們在日後變得更加聰慧，更加完美。

　　如果我們發現了錯誤，就不應該像一般情況下所做的那樣推託狡辯，或文過飾非；而應當承認錯誤，並認清這些錯誤所造成的所有惡果，避免今後重蹈覆轍。毋庸置疑，這種自我懲罰會非常痛苦，但是，我們應該記住：孩子不挨打是不會成器的。

　　在所有與自身幸福與痛苦有關的事物中，我們應當小心的是不要在幻想的驅使下，去構建虛無的空中樓閣。否則，首先就要為其付出高昂的代價，因為完工後必須馬上推倒它們，而這般徒勞便會造成種種痛苦和悲哀。

　　同時還要提防，不要在想到那種子虛烏有的災禍時悲傷難過。如果這些都是胡編亂造的，或者是可能性非常小的災難，就該立刻從虛幻中清醒，並認識到全部的情境只是一種幻覺，如此我們就能更加熱愛真實生活而非虛假的夢幻，最多只會提醒自己還有可能會發生不幸——雖然這種可能性微乎其微。

不管怎樣，這些都不是想像力喜愛的事物。我們只有在無所事事之時才會幻想出空中樓閣，而且呈現出的畫面總是使人感到愉悅。

真正在一定程度上產生威脅的災禍，是那種會引起可怕夢魘的事物，雖然它和我們還有一段距離。但我們能借助虛幻的表象，看到或許會發生的災禍，從而讓它們看起來要比真實的災難更加恐怖，更加嚴重。

這種夢幻非常奇特，它不像令人愉悅的美夢那樣，一醒過來就能夠輕易擺脫；因為，在現實中甜美的夢很快就會破滅，最多剩下尚有可能性的一點淡淡希冀。我們只要沉溺在悲觀沮喪之中，就會產生不可能輕易消失的幻覺，因為人們總是可以意識到幻覺的存在。

不過，人類往往無法估算可能性的精確範圍，因為可能性常常輕而易舉地就會變成可能的事物；於是，我們便開始自我折磨。所以，**千萬不能杞人憂天，徒增煩惱；而應沉著冷靜、泰然自若地思考問**

題，儘管這個問題並不直接與自身相關。所以，我們不應當在這裡發揮想像的作用；因為，想像與判斷不同，想像只會產生幻覺，而這些幻覺常常帶來一種沒有益處的，甚至是非常苦痛的心情。

每個清晨都是新的開始

在這裡，我堅定地認為夜晚是尤其要加以防範的。因為黑暗會讓我們膽小如鼠，好像到處都有遊蕩的幽靈，這就像思想曖昧晦暗時發生的情況那樣；那搖曳不定、忽明忽暗的燈光常使人膽顫心驚，感到危機四伏。所以，在思想鬆弛、判斷力衰退的夜晚，夜好像顯得更加深沉，我們的心智就會變得呆滯，容易產生混淆，不能把握事物的本質。

如果在這種情形下思考關乎自己個人利益的事物，這些事物的形象就會變得危險而恐怖。深夜，我們躺在床上時經常會出現這種情形；因為，此時精神上已徹底鬆弛，判斷力也無法發揮作用了，但想像力卻還是那麼清醒活躍。黑夜替所有事物都蒙上了一層紗幕，讓人看不分明。

這就是在我們入睡前或處於似睡非睡狀態時，

為何思想經常如此混亂，並把夢境和現實相互顛倒的原因。這時，心思倘若專注於自己的事情上，這些事情通常就會顯得非常險惡可怕。而所有這些恐怖感一到早晨，就會如同夢幻一般煙消雲散，就像一則西班牙諺語所說的那樣：「夜晚是五彩斑斕的，而白晝是無色透明的。」

但是，就算是在暮靄籠罩的黃昏，只要燃起燭光，思想就會如同眼睛那樣，看待事物不再像白天那麼清晰；此時，不適合進行嚴肅的沉思，特別是不適合思考那些使人不悅的問題。只有清晨才是沉思的最佳時機——當然，也需盡心竭力，不管是心理上的還是生理上的。

因為，早晨是一天的開始，所有事物都清新自然、生機勃勃；這時，我們會覺得自己強健有力，能夠自如操控各種能力。所以，要對早晨的寶貴時光加以珍惜，不能貪睡偷懶，不能在無益的瑣事或無聊的空談中消磨它。**在某種程度上，清晨時光就是生命的本質。**

相比之下，夜晚就好比老年，此時的我們頭昏眼花，無精打采，嘮嘮叨叨，等等。

每一天都是一次短暫的人生：萬物甦醒、重獲新生，每個清晨都是一次開始，然後，萬物都要靜止安寢，睡眠就像一次短暫的死亡。

然而，諸如睡眠、健康、飲食、氣候、溫度、環境等條件，完全是外在因素，通常來講，會對情緒乃至思想造成重大的影響。所以，時間和空間在很大程度上不僅制約著我們對事物的看法，甚至還制約著我們的行為舉止。

因此，我們一定要珍惜愉悅的心境，它是如此難得❶！對於周圍的世界，人不可能輕易創立新的觀點或自由發揮獨特的思維：一切都必須遵循自然。和自身相關的個人事務也是這樣，儘管我們已經事先考慮並盡量使其實現，然而，卻依舊未必能抓住時機，並對它加以掌控。

---

❶ 原文為歌德所說。

因為，思緒時常會突然活躍起來，即使沒有任何外在契機的刺激；此時，我們可能會因強烈的歡欣，任其在頭腦裡瘋狂地奔騰。在這種情勢中，我們只要做好思想上的準備，靜待這一刻來臨。

　　我所述的這種對想像的抑制，可以阻止我們揚起記憶的風帆，向那令人痛苦的過往駛去，或者對自己曾經遭遇的傷害、不公、侮辱、蔑視和煩惱等損失加以淡化；這樣做可以使我們的精神振奮，開始充滿生機的新生活，而那些可惡的情感記憶，特別是腐蝕和摧毀品性的憤怒和怨恨情感，將被永遠埋葬。

從沉重的憂慮中解脫

在一則膾炙人口的寓言中，新柏拉圖主義者普羅克洛（Proclus）指出，在所有城市裡，勞苦大眾總是與那些富有而體面的權貴們為鄰，如此，便人人平等，不再有什麼高貴或權威。因為，即使再高貴者，其內心深處都潛伏著各種原始粗俗的欲望，從而使其行似動物。

不可以任憑民眾造反或任其在暗處蠱惑人心，那種失去理智的情形是十分可怕的，而它恰是我前面敘述的那種想像力爆發導致的結果。

即便是最微小的紛擾，不管它來自我們的同伴還是周圍的事物，也可能被放大成無邊的煩惱和痛苦，從而使自己陷入不知所措、智窮才盡的境地；因為我們只是一味地在所處困境的鬱悶焦慮思維之中沉溺，對所遭遇的種種麻煩過分地進行渲染。對那些

使人不悅的事物，保持一種漠然的態度則是明智之舉。只有這樣，才能在面對困難時應付自如。

假如你在眼前放置一個小物體，它也會擋住你的視線，使你無法看清這個世界，同樣，越靠近我們的人或事物（雖然其實不值一提），通常越具有一種虛假的吸引力，甚至令人厭惡地占據頭腦，迫使我們無暇顧及那些嚴肅的問題和重要的事情。應當避免這種傾向。

當遇到那些並不屬於我們的事物時，很容易會產生這樣的想法：「唉，這要是我的，該多好！」這時，就會覺得自己擁有的東西很匱乏。與此相反，假如我們更頻繁地把自己置於另一種情況下，「唉，這要不是我的，該多好」，可能更加適宜。

我想說的是，在看待事物時，有時也應該採取這樣的觀點，即我們如果失去它們，就不能再得到；不管它們可能是什麼：妻兒、健康、朋友、財產或其他我們珍愛的人、狗、馬等，通常來說，當我們意識到它們的價值，都是在失去之後。

假如最終按我所說的方式對待事物，毋庸置疑，我們將成為勝利者，將因此馬上獲得更多的愉悅，而且，我們還會竭力防止它們丟失。比如：不冒妻子被引誘的風險，不冒孩子有損健康的風險，不冒朋友絕交的風險，或者不冒財產喪失的風險，等等。

人們往往對未來懷有巨大的希冀，夢想將來大功告成，並借此將心中的憂鬱和愁悶通通驅散；這是一個使我們產生無限遐想的過程，其中有很多幻想和錯覺。一旦殘酷的現實生活使得這些美好的想法破滅，自己就會身陷絕望之中。

倘若反省的主題是可能發生的不幸，就能好很多；因為，這樣做時，我們就預先為自己提供了防範措施，而且，倘若災難沒有發生，會更加令人驚喜。

實際上，在熬過一段令人焦慮的時期後，難道不總會感受到精神上顯著的昇華嗎？更進一步說，偶爾考慮一下恐怖的大災難也是有好處的，這樣的災難經常可能會降臨，或者它們其實已經發生了，相比之下，我們就會更容易承受現實生活中經常遇到的小災

小難。這也是當我們想像那從未發生過的災難時，可以自我安慰的措施。不過，在執行這一原則時，必須要留意我在前一節中說過的話。

吸引我們注意力的事物，不管是工作要務還是瑣碎小事，都是千姿百態、多種多樣的，倘若單獨並且按照非固定的次序或關係來看，它們就像一個個比差強烈的混合體，而且無一雷同，不僅這樣，它們對我們也有特定方式的影響，因此必須審慎思考並靈活行動。

所以，當自己準備開展某一事情時，首先就要將注意力從其他事物收回，這將使我們抓住時機處理任何事，而且，不管對它是喜歡還是厭惡，都要排除各種雜念干擾。這樣一來，我們的思想就像被分置在許多小抽屜中，既可常常隨意打開其中任何一個，同時又不會對其他思慮造成侵擾。

透過這種方式，就可以從嚴重影響自己當下愉悅和剝奪短暫安寧的沉重憂慮解脫；不然，我們對這件事的憂慮就會干擾對其他事的判斷，過度關注某一

重要事物，就可能會使自己忽略許多偶然發生、不值一提的小事。

　　對於每一個思想崇高的人而言，最重要的是避免陷入個人瑣事和世俗煩惱中無法自拔，從而對更有意義的事物加以排斥；因為，那樣就徹底失去了生活的真諦。

學會自制，平和地度過一生

就是因為這一點，自制是非常必要的；沒有它，我們就不能正確地用上述所提到的方式對待自己。倘若考慮到每個人都要受制於其周圍的環境，自制可能就顯得比較容易了。而且，任何形式的生存缺少了自制力都是不可能的。

進一步說，適當的自制可以避免遭受他人的巨大強迫。正如在一個圓中，跟圓周附近的部位相比，靠近圓心的一塊極小的部位就差了近百倍。任何事物都不能讓我們免受外部力量的制約，就像我們不能沒有自制一樣。塞內卡說，服從理智就是讓萬物從屬於你。自制也體現了我們的自身意志強弱。

萬一遇到最糟糕的情況，使我們碰上不幸，自制也能緩和或減輕其危害性。如果其他人必須運用強制手段，並對我們的情感視而不見，他們一定會冷

酷無情地對待我們。所以，透過自制而避免被強迫是十分明智的。

我們必須對自己的希冀加以限定，對欲望加以壓制，對憤怒加以削減；而且，要永遠牢記：**個人所能從世上得到的，僅是他應具有的事物中非常少的部分**。另一方面，每個人一生中肯定會遭受若干次災難的折磨。

總而言之，我們必須忍耐和克制。倘若忽略了這一點，那麼，即便是健康和能力也不能使我們擺脫痛苦的體驗。

這就是賀拉斯提醒我們，經過刻苦而細緻的研究，始終探尋獲得寧靜淡泊生活的最佳途徑是什麼，而非總是被那些盲目的貪妄、恐懼和希望所紛擾，這些畢竟是不值一提的。但凡能合理支配意念的、具有遠見卓識之人，皆可平和地度過一生；不要讓貪欲來煩擾你。

Part 9

健康是構成幸福的主因

我們如果想要有所建樹，不管怎樣，

都得學習，都要創造，

人是無法脫離活動而生存的！

在奔忙的生活中享受快樂

亞里斯多德說：「生命在於運動。」很顯然，他是正確的。從生理方面看，我們的存在是建立在肉體不斷運動的基礎上；從心理方面來看，我們藉以存在的是不停地忙碌，不管它的形式是物質還是意識的活動。

我們常常可以看到這樣的情形，當人們百無聊賴或焦慮不安時，喜歡用小棍子、手指或別的什麼伸手可得的東西連續地敲桌子。這恰好表明人性本質上的特徵是騷動不安的：人們會馬上對百無聊賴感到厭倦，這種煩躁是令人難以忍受的。它敦促我們去引入某種方法，改善自己的行為，從而使自己獲得更大的滿足。

活動！也就是說，我們如果想要有所建樹，不管怎樣，都得學習，都要創造——太幸運了，人是

無法脫離活動而生存的！一個人想要將其潛能發揮出來，假如他能做到的話，那麼，看看這種活動將會產生怎樣的效果；如果他能製造或建構某種物品，不管是一本書還是一只籃子，都將感到巨大的滿足。

看到自己的雙手日復一日地勞作，最終完成一件作品，會讓你直接從中獲得愉悅。這種愉悅與一件手工藝品，或一件藝術作品，甚至只是一種手工勞動相關；當然，這件作品越是優秀，就越能給人帶來更大的愉悅。

從這個觀點來看，那些人是最幸福的，他們認識到偉大的目標會激發創造偉大作品的能力：這讓他們的生活別具一番高雅的情趣；不過，因為它忽略了常人的情感，而不免有些曲高和寡，相較來說，變成了某種讓人覺得枯燥乏味的東西。同時，他們天賦異稟，所以對生活和世界具有一種卓爾不群、遠超常人的理解，是某種在傳統之上的情趣。

他們從生活和世界中採擷創作的素材；而且，只要沒有個人需求的壓力，馬上就會全心全意地投入

到勤勉的採擷工作中去。

他們的才智也是這樣：在某種範圍內，可以說是具有雙重特性的，一方面，他們在日常生活中的平凡瑣事上運用自己的才智，對於他們和普通大眾來說，這些事都是稀鬆尋常的；另一方面，這些人也將自己的才智運用到獨特的工作上，對生存進行純粹客觀的靜觀和反省。

絕大部分人在世界這個大舞台上都是默默無聞的，爾後便永遠地消失了，只有智者過著既是演員又是觀眾的雙重生活。

那麼，還是讓大家都做些力所能及的事情吧。沒有穩定的工作，也沒有適合的活動區域，這是一件多麼悲慘的事情！為了享樂而長途旅行經常使一個人感到相當不快樂，因為不存在任何只屬於他的事物，這個人就好比脫離了自己應處的環境。

奮鬥吧，與困難做鬥爭！這就如同田鼠在地下孜孜不倦地奔忙，是人的本性！滿足一切欲望會成為令人無法忍受的事情──愉悅一旦持續太久，往往

會造成一種停滯感。

戰勝困窘，就能充分體驗生存的快樂，不管我們將在哪裡遇到障礙：不管是在工作中、生活中、社交中還是精神的勞作，亦即在嘗試控制其對象的精神探尋中。鬥爭和勝利總是能帶給人快樂。

假如一個人沒有抖擻精神的機會，就應當盡量製造機會，而且，根據他自己的能力和興趣，決定自己是去玩撞球還是去打獵；或者在他本性中那種毋庸置疑的因素的引誘下，與某人發生矛盾，或策劃陰謀，或參與詐騙及流氓活動，這一切都是為了使那令人無法忍受的、死氣沉沉的靜止狀態結束。就像我所指出的，當你百無聊賴時，是無法保持悠然寧靜之心的。

不要被虛假的幻象蠱惑

人應當避免被自己想像力的幽靈所蠱惑。這與服從經過深思熟慮的思想的指引是兩碼事，但卻誤導了大部分人的生活規則。

假如你仔細觀察周圍的事物，經過一番考量，最終對某一特定事物產生興趣，通常來說，你會發現：幻象才是決定的關鍵。編排有序的觀念並不能對自己的選擇產生影響，雖然這些觀念是更符合規則的判斷依據。

在伏爾泰或狄德羅的小說（我將準確的出處遺忘了）中，主人公像年輕的海克力斯（Heracles）那樣的英雄般站在十字路口，也是不能看見任何善的蹤影的，只有左手握著鼻煙盒，並將一撮煙絲從裡面取出，然後扮作他滿口道德說教的老師，才能看到善；此時，他的重擔則以他母親的形象出現了。

特別是在青年時代，我們往往容易把竭盡全力為之奮鬥的目標，當作虛幻的幸福憧憬，它們常常如畫像般浮現在眼前，有時甚至終生在腦際盤桓。

這種精神是虛假的，因為當我們發覺這是夢時，幻景就如畫像般會消散。於是，我們才知道，夢幻向我們允諾的都是虛妄不實的，而現實已經證明了這種認知。

家庭生活的情景也經常是這樣的虛幻畫像，我們所嚮往生活的情景，將表現為相似的畫面，城市及城鎮的生活，甚至鄉村生活都是這樣，我們所擁有的這般家園，包括它的環境和那些賦予我們尊嚴和榮耀的名望，也是這樣，在這裡，不管發生什麼都能自圓其說，而我們也常常這樣對待魂牽夢縈的情人。

這一切都完全是自然的。因為，表面上看來，我們所想像的、直接刺激自己心靈的那些幻象，似乎就是真實的眼前所見之物。

與抽象的觀念相比，這些幻象更加直接地對意志造成了影響；因為，抽象觀念只提供了模糊不清的

輪廓，即共相，缺少生動而具體的細節，而這些細節正是共相所代表的真實性，因此，我們可以間接地受到抽象觀念的影響。

然而，它不過只是一種抽象的觀念，雖然它願意盡量實現它所許諾的事情，讓我們相信它具有這種教育功能。

當然，偶爾也必須憑藉生動的圖像來解釋抽象觀念；但是，**一定要慎重，要對言外之意打折扣。**

可以將上述規則視作更為普遍的通則，即一個人絕不能被當下印象操控，或者根本不能受外部直觀現象支配，因為與單純的思想勞動或觀念的訓練相比，這種印象或現象的作用絕對要大得多。

這些當下印象之所以豐富多彩，並不是由於它們利用了感官特性；事實上，正好相反，由於對於感官來說，它們是某種明顯且直接發揮作用的強烈刺激；它們強行入侵頭腦，擾亂我們的反應，並且破壞了我們的決定。

迫在眉睫的事馬上會顯現它的所有結果，這點

並不難理解，不過，思想或論點的評判則需要時間，就像人不可能在同一時刻思考所有問題一樣。

這就是人們如此易受享樂誘惑的原因，雖然我們曾全力以赴地抵制這種誘惑；或者是這樣容易被侮辱惹怒的原因，雖然這種侮辱的緣由根本不值一提；或者也是這樣容易對批判動怒的原因，雖然我們知道批判者根本不該擔其責。

同樣，且不說其他的例子，我們有很多理由相信，沒有什麼危險，比一個實際上近在眼前的錯誤觀念更嚴重的了。所有這一切，都將人類本性中根本的非理性顯露了出來。

女人們往往會被這種占優勢的即時印象所誘惑，而且，由於承受如此之多的理性重負，很少有人能因此免於影響。

假如說，單純的憑藉思想，還不足以抵制某種外在影響，那麼，以相反的影響來抵消它就是最好的措施。

比如，我們能透過嘗試結交那些對自己予以高

度評價的人，來抵消受侮辱的後果，也可以透過快速選擇應急方法，以避免因近在眼前的危險產生不愉快的感覺。

17 世紀的思想家萊布尼茲（Gottfried Wilhelm Leibniz）講過一個義大利人的故事：為了避免吐露祕密，這個人透過連續不斷地想著那等待他的絞架來承受酷刑的折磨。

他不停地大聲喊著：「我看見它了！我看見它了！」酷刑過後，他才解釋說，這其實是他的計謀的一部分[1]。

正是基於某種相似的理由，我們發現：一個人要想堅持對某一問題的不同看法是多麼困難。這種猶豫不決的痛苦，並不是大家的看法與我不一致，而使作法也相差甚遠的事實導致的，雖然我確信他們是不對的。

---

[1] 出自《人類理智新論》（*Nouveaux Essais sur L'entendement Humain*）第 1 卷，第 2 章，第 11 節。

舉一個例子，一名逃避追捕的流亡首領必定能從一個忠誠且謹小慎微，唯恐暴露了主人藏身之所的隨從，那拘謹而謙恭的言行中，得到巨大的安慰，這使他十分確信自身權威的存在。

勞逸平衡，避免用腦過度

　　我曾在前文中，**堅持認為健康的巨大價值，就是構成幸福的主要和最重要的因素**。我強調並堅持上述觀點，並為此提出了一些普遍規則。

　　訓練身體的方法，就是在身體健康時付出大量勞動和努力，強化身體的整體和局部，使其習慣承受各種有害之物。但是，當生病或不適時，無論是整副身體還是各個部位，都應該採取相反的作法，並使用一切手段，不遺餘力地照顧身體受影響的部分；因為生病和虛弱的身體是無法變強健的。

　　大量運動可以使體力得到強化；但神經則相反，過度使用神經會導致其衰竭。所以，一方面，我們可以用所有適合的方法對體力進行訓練，另一方面，也應當注意盡量不要使神經過於勞累。

　　比如，不要讓強光刺激眼睛，特別是不要讓眼

睛受到強烈反光的刺激，不要在暗處看東西，或者長時間觀察精密細微的物體，不要讓巨大的聲響震動耳朵。最重要的是不要過度使用大腦，或在不適當的時候使用，或對其施加過大的壓力。使用一段時間後應讓它稍事休息，因為大腦這個孕育了各種思想的器官還要做其他大量的工作。

基於近似的理由，要絕對避免在進行劇烈的體力鍛鍊時使用大腦，或者在剛剛結束劇烈的體力鍛鍊之後馬上切換思考。因為，運動神經與感覺神經在這方面是一樣的；一旦肢體受傷，它在大腦對應部位的神經就會產生痛感。

同樣，事實上，在工作或運動的，並不是我們的臂或腿，而是大腦，或者從嚴格意義上來說，是大腦的對應部位透過脊椎的作用，對肢體的神經加以刺激，並使它們處於運動狀態。

所以，當臂或腿感到疲勞時，大腦才是產生這種感覺的真正源頭。這就是肌肉只有和大腦聯繫起來，才可以處於自主運動的狀態以及產生疲乏感的原

因，也就是說，肢體的活動依賴於大腦。

那些如心臟一般處於無意識工作狀態的肌肉，則並非這樣。顯而易見的是，倘若迫使大腦在同一時刻，同時進行劇烈的體力訓練和理智思考，或進行兩種活動的時間相隔很短，那麼，大腦必將受損。

我的上述觀點與下列事實之間並不存在衝突，即在一次步行開始的時候，或一次散步中的某一時刻，精神上經常會產生一種亢奮感，是由於大腦進入工作狀態的那一部分還沒有達到疲乏的程度；此外，輕微的體力活動對於呼吸器官是有益的，還能供給主動脈更純、更多的氧化物，再由主動脈向大腦傳送新鮮血液。

同樣，保證大腦得到充分休息是十分重要的，這是大腦恢復功能所必需的；因為，睡眠對於人的意義就像給時鐘上發條一樣❶。

---

❶ 請參考作者著作《作為意志和表象的世界》(*Die Welt als Wille und Vorstellung*) 第 4 版，第 2 卷，第 236～240 頁。

這一衡量標準會隨大腦的發育和活動而發生直接變化；超出了這個標準，時間就白白浪費了，因為此時熟睡程度會與睡眠時間成反比❷。

應當明確理解的一點是，思想只是大腦的固有功能，它必須遵從同樣的法則，以便能像別的任何器官那樣運用和休息。用腦過度會損傷大腦，和眼部的使用一樣。大腦的主要功能是思想，就像胃的主要功能是消化。

靈魂作為某種非物質的、本質上的意念，只在大腦中存在，其基本功能的發揮都是自發的，也就是說，它永遠在不知疲倦地思考著。

毋庸置疑，有關靈魂的學說導致理智力量減弱，並操控人們去做荒唐事，例如：腓特烈二世甚至曾嘗試培養不睡覺的能力。

---

❷ 引同前書，第 275 頁。睡眠是一種暫時的死亡，用以保持和更新在白天已經用掉的那部分生命。或者，還可以說，睡眠是我們為死亡所收取的資本而必須付出的一種利息；並且，利率越高，付出的利息對應地也就越多，已被拖延的救贖日期也就越近。

如果哲學教授們不再到處傳播如此具有毒害作用的學說，那就是最好的了；但是，這種後果恰恰是教條式哲學所導致的，它囉哩囉唆地試圖和教義問答保持良好關係。一個人對待自己的心力，應當養成從生理功能去評判的習慣，還得根據實際情況決定對它們是保護還是使用。還應該記住任何一種肉體損傷，不管是疾病還是機能失調，也不管是身體的哪個部位受的傷，都會對精神造成影響。

　　據我所知，法國哲學家卡巴尼斯（Cabanis）在他的《人的肉體和精神的關係》（*On the Relations between the Physical and Moral Aspects of Man*）一書中，對於這個問題提出的意見是最可取的❸。

　　由於對這一規則的忽視，很多天才人物和偉大學者變得幼稚可笑、腦筋遲鈍，當他們步入垂暮之年時，甚至會徹底瘋掉。

---

❸ 叔本華在此提及的這部著作，是由法國哲學家卡巴尼斯（1757～1808年）所著，對以生理學為基礎的精神和道德現象進行論述的論文集。卡巴尼斯在臨終前徹底放棄了自己的唯物主義立場。

其實也不用我再舉別的例子，毫無疑問，本世紀初（即 19 世紀初）英國的著名詩人威廉・華茲渥斯（William Wordsworth）、華特・史考特（Sir Walter Scott）、羅伯特・騷塞（Robert Southey），在他們老年時，不，甚至才過了六十歲，就變得呆笨無能、感覺遲鈍；他們的這種愚鈍可印證這一事實，即在生命的這一階段，他們已在高報酬允諾的誘使下，將文學視為商品，以錢為目的進行寫作。

使他們陷入理智力的一種非自然妄用之中的，也恰是這一點；一個將佩加索斯套上馬具並用鞭子對繆思進行驅策的人，將必須支付一筆違約罰金，就如同其他能力的妄用也要支付罰金一樣。

甚至是康得（Kant）那樣的情況，我猜想出現在他生命最後四年中的稚拙，純粹是他後半生以及在他逐漸成為名家之後過度勞累造成的。

通常來講，一年中的每一個月，都會對我們的健康以及身體狀態，乃至精神產生直接而特殊的影響，這種影響是以氣候為轉移的。

Part 10

一切都在孤獨裡成全

只有當一個人獨處時，他才是他自己；
如果他不喜歡獨處，那麼，他肯定也不熱愛自由。
因為唯有當他孤獨無依時，才會享有真正的自由。

在反省中不斷成長

　　為了使生活更加細緻周密，更加富有理智，而且，也為了讓自己從生活中汲取更多經驗，我們必須不停地對生活做出反省，也就是說，要概括一下自己所做的事，所留有的印象和情感，然後和現在的判斷比較。

　　這種對生活的反省，既有對已經獲得之成就的評價，也有對曾從事工作和經歷奮鬥的思考，更有成功後愉悅的享受。

　　可以說，對生活的反省，生動地再現了個人生活經驗，而這種經驗對每一個人都是有益的。我們可以將人生的經驗視為一本教科書，透過對它的反思、評判而受益匪淺。只要不停地對其進行反省並從中得到大量的知識，那麼，其結果就會像那些書一樣，每頁上的課文只有兩行，注釋卻有四十行。

倥若僅有豐富的經驗而不對此做出反省，也無法獲得大量的知識，那麼擺在我們面前的，將是沒有注釋且大部分內容深奧難解的書，就像拜龐蒂那版[1]的圖書一樣。

在這裡，我要提出一個忠告，它類似於畢達哥拉斯（Pythagoras）提出的一條法則，每晚入睡前，對你白天所做的一切進行反省。整天在工作與享樂的嘈雜紛亂中渾渾噩噩地度日，卻從不對過去的一切進行反省的人，就像一架嗡嗡作響的紡車，接連不斷地扯出生活之線，卻不知道自己到底在做什麼。

如果一個人處於這種狀況下，他的情感就是模糊混沌的，思想就是雜亂無章的。而且，他的談話也會因為這些而變得顛三倒四、支離破碎，完全是一副裝腔作勢的樣子。如果一個人的生活十分忙碌，那麼，他將無法躲開這種命運，各種各樣的紛亂印象

---

[1] 從 1779 年於帕拉蒂蒂賴特開始出版的拉丁文、希臘文和法文古典叢書。參考布特爾《論拜龐蒂那和拜龐蒂那版叢書》。

充斥在他的頭腦裡，就已經沒有餘力再從事理智的判斷活動了。

　　仔細觀察，下列情況對於這一點來說是十分適宜的，也就是說，隨著時間的流逝，當那些曾經對自己造成過影響的事件和境況消失時，就再也不能回味當時的心境和情緒了。

　　不過，我們曾就這些事件和境況所說的話與所做的事，依然留在腦海裡。於是，這些原本只是形式的記憶，卻成了對這些事件進行表達或評判的結果。因此，在人生的重要關頭，我們應當注意保持思想的記憶。**由此看來，堅持寫日記有很大的益處。**

在獨處中尋找幸福

　　自給自足，自己即一切，無欲無求，才可以說「我只占有自身之一切」，毋庸置疑，幸福最主要的品質就是這一點。所以，並沒有必要對亞里斯多德的名言「幸福意味著自我滿足」過多地重複強調。

　　實際上，同樣的思想概念在法國劇作家尚福爾（Nicolas Chamfort）那措辭十分巧妙的話語中也出現過：「幸福不是可以輕易獲得的東西，只有在我們自身中才能發現它，在別處是無法找到的。」

　　一方面，人除了依靠自身以外，無法有確切把握地依靠別人；另方面，社會所帶來的重擔和不便、煩惱和危險數不以勝數，而且無法避免。

　　飲酒狂歡，追逐名利，生活奢侈，這些都是追求幸福的最大障礙；雖然它們看似會使我們的悲慘生活發生改變，並感受到種種愉悅、歡快和樂趣，然

而，同樣地，這也是一個危險過程，一個勢必會導致失望和幻想的過程。在這方面，同樣無法避免的附屬品，就是那不斷變幻的謊言[1]。

社會勢必包括成員之間的互相適應以及社會對成員做出的制約，這也是其生存的首要條件。這表示，社會的規模越大，越讓人感到乏味。只有當一個人獨處時，他才是他自己；如果他不喜歡獨處，那麼，他肯定也不熱愛自由。因為唯有當他孤獨無依時，才會享有真正的自由。

人們在社會中，常常感到壓抑和緊張，這種壓抑感就像社會必然存在的影子一樣，讓人難以擺脫。一個人的獨立性越強，越無法成為與他人交往關係的犧牲品。一個人對獨居所持的態度是歡迎、忍耐還是逃避，取決於他的個人價值。當一個人獨

---

[1] 就像我們的肉體為衣服所遮掩那樣，我們的精神也被謊言蒙上了一層面紗。面紗一直存在，而且只有透過它，才能時而猜出一個人的真實思想；就像我們通常按照一個人的衣服大小，來判斷那人體型的一般狀況一樣。

處時，可憐的人感受到的是自身所有不幸，而聰明人享受的卻是獨居的高尚偉大；簡單來說，每個人都是他自己。

進一步說，倘若一個人的自然稟賦較高，那麼，他就越孤獨，這是不可避免的。如果周圍環境干擾了他的精神，那麼，對他而言，這個環境就是不適宜的；倘若他必須面對許多與他性格不同的人，這些人將會向他施加種種影響，破壞其精神寧靜。實際上，他們會使他找不到自我，卻又無法拿出任何能補償其損失之物。

不過，人與人之間在肉體和精神兩方面，均由大自然確立起廣泛差異時，社會卻漠視這些差異或試圖消滅它們；或者，不如說它建立起了種種人為的差異──地位和身分的等級，這種等級往往與大自然建立的那些廣泛差異不同。這種分類的結果是，那些被大自然置於低等地位者的身分抬高了，而那些在大自然中居於高等位置的極少數人，身分則降低了。在社會中，一旦占據多數的粗鄙者掌握了權

力，少數優秀的人往往總是對這個社會退避三舍。

在社會中，權利的平等就是對才智超群者的冒犯，社會要求平等，普通百姓對此歡呼雀躍；與此同時，能力的不平等代表了相應的社會力量差異。

所謂善的社會，承認一切的權利要求，卻對精神與才智的卓越予以否認，彷彿後者的存在是非法的；在如此社會中，人們被期待在面對各種形式的墮落和沉悶、愚鈍和麻木時都能表現出無限的耐力。而如果要表現個人的優點，就必須以謙卑的面孔出現，或者，只能藏而不露。

理智的優越性之所以冒犯眾怒，僅僅是由於它自身的存在，而並不是出於其本意。

在所謂善的社會中，最糟糕的，除了它讓那些自己並不讚賞、也不能讓我們動情的人成為我們的朋友之外，更嚴重的是它還扭曲了人性，讓我們無法自然地發展。為了協調起見，只得在它的壓迫下變得枯萎衰竭，或者模樣被徹底改變。

理智的對話不管是嚴肅還是幽默，都只適合充

滿智慧的社會；它根本不適合普通人，對於後者來講，它勢必是陳腐不堪、令人感到乏味的。這就要求我們不得不自我否定，為了變得像其他庸人那樣，我們將不得不喪失四分之三的自我。

毋庸置疑，我們在這方面的損失，可從他人的認同彌補。但是，一個人的價值越大，越是會發現：他失去的要比得到的多更多，而獲利的則是對方。因為一般來說，與其交往的那些人都是名譽掃地、道德淪喪者；也就是說，除了煩惱、無聊、厭惡或者自我否定（它能夠反映一種必然性），從這些人身上什麼也得不到。所以，大多數社會建立的目的，就是讓才智超群者得益，而這些人將用自己的孤獨，來換取社會提供的益處。

不僅如此，社會為了替真正的優越性，也就是卓越的思想尋找一個替代物（很難碰上這種替代物，就算偶然發現了，也是讓人無法忍受的），曾異想天開地採納了一種不真實的優越性，這種優越性是以任意專橫的原則為基礎，並且本質上是約定俗成的，就

像是一種在上層階級流傳的傳統，它就如同一道可供替換的口令——我指的是上流社會的時尚。不管在什麼時候，只要這種虛假的優越性與真正的優越性發生衝突，它的弱點就會暴露無遺。進一步說，這種流行時尚出現，也正意味著缺乏卓越的理智。

一個人與除他自身以外的任何人，甚至包括他的朋友或生活伴侶在內，都不可能完全和諧一致。氣質與個性的差異或多或少都會導致不和，即使這種不和的程度可能非常輕。

世間所能給予的最大恩惠，就是思想真正的平靜、靈魂深處的安寧以及身體的健康，而這些只有在獨居中才能獲得，而且，唯有身處絕對幽靜之處，方可達到這種平靜和安寧持恆的心境。

所以，倘若說人自身之中有什麼東西既高貴又有價值的話，那麼他的這種生活方式本身，大概就是可以在這個悲慘的世界中找到的最大幸福。

我就直截了當地說吧，不管友誼、愛情、婚姻的紐帶多麼牢固，最終一個人只能關照自己的福利，

最多也只能惠及到他的兒女。通常來講，與他人的關係越密切，不管這種關係是私人關係還是工作關係，你的生活就越糟糕。

確實，孤獨和寂寞有不好的地方，其不利甚至一目了然，至少，你可以發現，這種不利是確實存在的，在這方面，社會非常狡猾，它顯得你與他人的社會交往好像是一種令人高興的消遣，但實質上卻會帶來巨大的、難以彌補的危害。**所以，應該訓練年輕人從小就適應獨處，因為這是通往幸福和心靈寧靜的必經之路。**

由此就產生了如下狀況：一個人如果徹底依賴自己所擁有的精神財富，並且只看重他自己，那麼，他的生活就能過得十分幸福。

西塞羅對此是這樣說的：「一個人在這樣的條件下，勢必會過著幸福的生活。」一個人在自己心目中的地位越高，其他人在他心目中的地位就越低。啊，正是這種自我滿足的情感，阻止了那些具有極大個人價值之人做出如此巨大的犧牲 —— 這種犧牲基

於摒棄個人與社會之間的交往，更別說因想主動和他人建立社交關係而犧牲自我了。

一般人都喜歡社交、討好賣乖，對於這些人來講，獨處比忍受陪伴別人難得多，所以他們寧願與人來往。

除此之外，真正有價值的人，在這個世界上得不到應有的尊重，而那些無足輕重的人卻倍受賞識。於是，歸隱一下子就成了一個人品質高尚的證明和結果。

對那些具有某種價值之人而言，真正智慧的表現是限制自己的種種欲求，而且，既然他不可避免地必須與自己的同伴建立各種關係，那麼盡量保持最低程度的聯繫，才能使其自由得到保衛或擴展。

人生所有不幸，皆因無法獨處

我以前說過，人之所以善於社交，是因為他們無法忍受孤獨，以及處於這種狀態的自己。而精神上的空虛和厭煩，促使他們到外地旅行並進行社交。他們的思想僵化呆滯，缺少活力，因而嘗試透過飲酒來尋求刺激，許多人就這樣成為了酒鬼。

他們需要持續不斷的外在刺激，而其中最強烈的就是同類人的刺激，如果缺乏這種刺激，他們就會因為承受不了重擔而變得沮喪衰退，掉入巨大的虛無之中❶。

可以說，這樣的人具有的只不過是些細微的人性碎片；必須將無數碎片聚合起來，才能構成完整的人性，以便思維方式能像大家一樣。另一方面，就傑出的人而言，他是整數，而不是分數：他自身即是完滿的。

在這方面，大眾社會就像一支由俄羅斯牧笛組成樂隊演奏出的樂曲。每枝笛子的音調只有一種，但所有的笛聲彼此協調、相互配合，就演奏出了這支樂曲。單獨一枝笛子只能演奏出單一的音調，從這裡你就可以明白不過地看出，大多數人的思想都是單調的。

　　罷黜百家、獨尊一門的現象確實十分常見。我們很容易理解人們為什麼這麼厭煩，為什麼喜愛結交，為什麼願意成群結隊……種種都指向於，人類究

---

❶ 這一事實是眾所周知的，即種種不幸和災難於我們而言，是比較能夠輕易忍受的，這些不幸和災難降臨到絕大多數人身上，其中也包括我們。例如，煩惱好像就是這些不幸中的一種，人們聯合起來一起抵制它。歸根究柢，對生命的熱愛是基於對死亡的恐懼，同樣，社交的驅動力是出於對孤獨的恐懼，而並非直接依賴於對社會的熱愛；它不是人們夢寐以求，與人交往的迷人魅力，而是人們盡力避免獨處時，冷寂淒涼的可怕壓力（如他們單調貧乏的自我意識）。他們想方設法逃避孤獨，甚至對形跡惡劣的夥伴加以遷就，對一切社會都存在的那種壓抑感加以容忍。然而，如果對社會的厭惡勝於對孤獨的反感，他們就會慢慢習慣獨處，並對其直接後果漠然置之。他們不再覺得孤獨是件壞事，也不再渴望和他人交往，並能夠在面對孤獨時泰然自若、安詳愉快。這一方面是由於他們並非直接需要夥伴，另一方面也是由於已經習慣了從獨處中獲益。

竟為什麼這麼善於社交。正是因為一個人自身性質的單一，才使他不堪忍受獨處。其自身的重累正是荒唐愚蠢。匯攏眾多的平庸之人如同組建一隻管弦樂隊，只有當他們集結，才能奏出一支完整樂曲。

　　有才智的人如同一位出類拔萃的藝術大師，不用任何幫助，只需一種樂器，例如，一架鋼琴（它自己就是一支小型樂隊），就可以演奏出協奏曲。這樣的人自身就是一個完滿的微型世界。光是他自己的意識整體，便能單獨達到通常需要各種樂器相互配合才能產生的效果。

　　當然，只用一架鋼琴不能演奏交響樂，不過，他是一位獨奏者，可以獨自表演，可以說這也是一種獨處；或者，如果與他人合作，他也肯定是主奏者；或者是唱曲中的主調。不管怎樣，那些無時無刻不在渴望交際的人，或許能從上述比喻中獲益，而且，我們經常遇到這種情況，即以量的陡增來彌補質的不足，對此，上述比喻也可作為一條普遍的規則。

　　倘若一個人十分聰明機智，那麼，有這一個夥

伴就夠了；但是，倘若你只與一般人打交道，那麼，結交許多夥伴就是恰當的，這樣你就能讓他們協同工作以得到更大的利益，這一啟發就是從管弦樂隊中得到的。但願上帝賜予你足夠的耐力，使你能夠忍受如此苦役！

造成另一種不幸的原因，就是我所暗示的那種精神的空虛和靈魂的荒漠。當優等階層的人組成了社會，以實現某個高尚或理想的目的時，數不清的庸人總會如同害蟲般蜂擁而至，而且不管在什麼地方都是這樣。或者有的完全是隨波逐流；庸人為了擺脫無聊侵蝕、占領一切事物，盲目地對所有事物一哄而上，不進行任何識辨。

他們當中有的人急匆匆地擠進這個優等社會，有的則身不由己地被他人推進這個社會，然後，又共同摧毀它，或者將它變得面目全非，成為完全背離其初衷之物。

關於社交的驅動力問題，這種觀點並不是唯一的。寒冷的嚴冬，人們為使身體暖和起來而擁聚在

一起；你也可以用這種方法激發自己的精神，即與別人進行思想的交流。不過，一個精神亢奮、絕頂聰明的人則不用這麼做。我以前寫過一則篇幅短小的寓言，對這一點進行了說明，不過，這則小寓言在別處也能找到❷。

作為一條普遍規則，可以說，一個人的社交性格幾乎與他的思想價值成反比。也就是說「某某人」不善於社交，就等於在說他是一位偉大的天才。

對於這樣的人來說，孤獨具有雙重有利之處。第一，它使他與自己保持一致；第二，它避免了他與其他人意見相同，而後者是一個非常重要的好處，因為在與社會的所有交往中處處充滿制約、煩惱，甚至危險。

拉布呂耶爾（Jean de La Bruyère）說：「我們的惡來自無法獨處。」交際是真正危險，甚至足以致命的傾向。因為它代表著社交與人的本性之間有著密切的關係，而人的絕大部分本性在道德上是惡的，在理智上則是乖張的或愚鈍的。這樣的人與孤獨無

緣。不用和他人相伴，只依靠自己是走運的重要因素，因為我們遭受的不幸，幾乎全部來自與他人的交往，就像我以前說過的，這種交往使得思想的平靜遭到破壞，而在幸福的種種要素中，除了身體健康之外，思想的平靜是最為重要的。如果沒有適度的孤獨，也不可能有思想的平靜。

犬儒學派的門徒們，為了達到無任何煩惱的至福而放棄一切私人財產，而一個人所能夠做的最明智的事情就是排斥社交。聖皮埃爾（Saint-Pierre）有句

---

❷ 叔本華在此所指的，是其著作《附錄與補遺》（*Parerga and Paralipomena*）第 2 卷，第 413 頁（第 4 版）。這則寓言的內容是幾隻豪豬在一個冬日為了取暖而擠在一起，然而，牠們身上的刺戳痛了彼此，於是，牠們只好散開。但是，寒冷迫使牠們再次聚攏在一起，刺痛又令牠們選擇分開。最後，經過多次聚攏與分開，豪豬們終於明白了，彼此之間最好保持一定的距離。同樣，人類像豪豬一般，在社會需要的驅使下走到一起，卻又因為各自本性中，諸多敏感而令人討厭的特質而相互排斥。最後，他們發現相互間交往的唯一可接受條件，就是保持適度距離，而這也是一個人舉止文雅、規矩有禮所應遵循的準則。倘若有人違犯了這個準則，就會受到嚴厲的斥責。這樣一來，不僅彼此的取暖需求能夠得到適當的滿足，而且也不會被刺痛。一個自身擁有一些熱量的人則寧可待在圈外，這樣一來，他既不會刺痛別人，又不會被別人刺痛。

著名論斷十分精采而透闢：「節省食物是為了強健身體，捨棄社交是為了心靈安寧。」對孤獨表示友好或將其視為摯友，就像得到了一座金礦，然而這不是每個人都能做得到的。

孤獨是天才的高雅氣度

　　痛苦使人們聚在一起，而它一旦被消除，無聊又會再次驅使人們聚在一起。如果沒有痛苦和無聊，一個人極有可能會選擇獨處。因為在每個人的眼中，自己都是獨特且重要的，只有在孤獨中，才能充分感覺這份獨一無二。然而，這種感覺會被現實的紛亂緊迫削弱，每走一步都會遭到否認。從這個意義上說，**孤獨才是人類的自然狀態，在這種狀態中，人就像亞當那樣，其歡樂都是源於本性。**

　　不過，亞當不是沒有父母嗎？因此，從另一方面來看，孤獨並非人類的自然狀態；因為，人降生到這個世界上時，就發現自己與父母、兄弟、姐妹待在一起，他並不是獨處，而是身處社會之中。

　　所以，與其將喜愛獨處看作人類本性的原始特徵，不如說它是經驗和反省的結果。隨著時光流

逝，人的理智能力不斷發展，經驗也日漸豐富，對自身經驗的反省也變得越發深刻。

通常來說，社交性格與年齡呈反比。倘若讓一個小孩獨處，哪怕只有短短幾分鐘，他也會嚇得號啕大哭；之後，讓他自己待在屋裡，對其來說就是嚴厲的懲罰。年輕人很快就能與彼此建立友好親密的關係，在他們中間，只有極少數氣質高尚的人經常獨處，而不與他人交往；然而，如果整天這樣，也是令人不愉快的。

一個成年人可以很容易地做到這點，對於他而言，生活煩惱很少，而且隨著年齡越大，煩惱會越少。一個壽命比他的很多朋友都長的老人，對生活的樂趣要麼毫無感覺，要麼一點也不在意，他只在自己那孤獨狹小的範圍內生活。在單個情況中，隱居或不合群的傾向都與心智能力有直接關係。

就像我所說的，這種傾向並非完全出自本性，亦並非作為人性的直接需要而進入生活經驗之中，倒不如說它是我們所經歷一切經驗後得出的結果，是對

真正需要之事進行反省後得到的產物，特別是從對大部分人無論道德或心智上所經受之不幸遭遇的洞見中所得到的益處。

最不幸的是，個人相互利用彼此道德上或心智上的缺點，因此造成了種種不愉快的後果，即大多數人的社會交往既令人感到厭煩，又使人無法忍受。

所以，儘管在這個世界上存在許多不盡人意的事情，但最差勁的還是社交。就連最善於交際的法國人伏爾泰也不得不承認，無論在哪，都有不值一提的凡夫俗子：「地球上密密麻麻地擠滿了人，但卻找不到值得與之談話的人。」

由衷希望能夠成為孤獨者的弗朗切斯科・佩脫拉克（Francesco Petrarca），也曾提出過類似的理由。啊，多麼敏感細膩的精神！他對隱居有著如此強烈而堅定的熱愛。他說，只有那潺潺的清流、莽莽的林海和空寂的荒野，才真正懂得，他是多麼渴望逃避那些找不到天堂之路又無可救藥的愚人啊！

而在他的那部讓人不忍釋卷的著作《孤獨的生

活》（*The life of solitude*，暫譯）中，他保持了同樣的風格。齊默曼（Johann Georg Zimmermann）那本大名鼎鼎的書《論孤獨》（*Solitude*，暫譯），其基本觀念似乎就來自這部著作。

尚福爾曾在下列段落中含蓄地談到過孤獨，認為孤獨和喜愛隱居只是一種間接的和次要的特徵，在他那嘲諷的風格中隱含著這一觀點：「當時的人們說，一個人因獨處而不喜歡社交，就像人們說，一個人以不願意晚上在朋迪森林裡散步為藉口，說他不喜歡散步一樣。」

而在波斯詩人薩迪（Saadi）的詩集《薔薇園》（*Gulistan*，暫譯）中，也會發現同樣的情調。他說：「從那時開始，我們就與社會告別，踏上了通往隱居的小路；因為，獨處才有安全。」一位溫文爾雅的基督教作家安吉利斯‧賽勒修斯（Angelus Silesius），以他神祕的語言將這一情感表露了出來。他說：「希律王是我們共同的敵人。上帝對我們發出了危險警示，於是我們與約瑟夫一起從伯利恆來到埃

及，為了尋找那隱居之處，我們已遠離塵世；不然的話，等待我們的就會是痛苦和死亡！」

焦爾達諾・布魯諾（Giordano Bruno）也說自己是隱居之友。他說：「在這個世界上，那些總是渴求預先體味神聖生活的人，總是一起吶喊：「我必遠遊，宿在曠野❶！」

在我以前引用過的那部著作中，薩迪談及自己：「我討厭大馬士革的朋友，為尋覓那野獸的世界，我逃到了耶路撒冷周圍的荒原。」

簡單來說，被普羅米修斯（Prometheus）賦予了優良稟賦的那些人，都已就這同一個問題發表了自己的看法。這些英才能夠在與凡夫俗子的交往中得到什麼樂趣呢？他們之間僅有的共同點，就是人類本性中最低俗、最不崇高的事物，也就是平凡、瑣碎和庸俗的部分。

英才們想與那些難以昇華至較高水準的凡夫俗

---

❶《詩篇》（*Psalms*）第 55 章，第 7 節。

子交往嗎？那些人既不能提升到更高的水準，還致力於把別人拉到與自己同樣的高度，對他們還能有什麼期待呢？因此，這種隱居和孤獨的傾向，可以說是一種貴族感。

更為不幸的，是流氓惡棍倒總是喜歡社交！不會從與他人的交往中得到快樂，是一名品格高尚之人的主要標誌。這樣的人越來越寧願獨處，而且隨著時間的流逝，最終意識到一邊是庸俗，另一邊是孤獨，除此之外別無選擇。這件事聽起來十分令人難以忍受；然而，就連具備典型基督徒大愛與高貴之情的安吉利斯・賽勒修斯，也沒辦法否認它的真實性，他不住刺耳地說：「不管孤獨多麼令人痛苦，也要小心不要讓自己變得庸俗；因為，不管你在什麼地方，都能找到一片荒漠。」

偉大的天才 —— 人類真正意義上的導師 —— 對他人之間那種持久的交往關係從不關心，這是天才的秉性；就像學校老師，對他周圍喧鬧的孩子們的歡躍嬉戲從不過問一樣。

引導人類越過茫茫的謬誤大海，最終到達真理的殿堂，是這些偉大天才們的天職，也就是拯救人類於荒蠻粗鄙的黑暗深淵，使之啜飲文化的甘泉，從而得到淨化和昇華。偉大的天才人物生活的這個世界，並不真正屬於他們；因此，從幼年時代開始，他們就覺得自己和他人之間存在十分明顯的差異。

不過，隨著時間流逝，他們才最終真切地明白自己的地位。他們的卓越才智，因在現實中隱退的生活方式而得到進一步強化；他們從不與那些還沒有擺脫普遍粗鄙庸俗之人交往。

由此可見，與其說喜愛孤獨是人性中一種直接的原始衝動，不如說它是間接從偉大天才的高雅氣度所形成的。如果想要具備這種氣度，必須與種種自然的欲望作戰，並取得勝利，還要不斷地抵制來自惡魔梅菲斯特（Mephisto）的誘惑。

他蠱惑你為了換取與人們共同生活和社交，而拋棄憂愁苦悶和毀滅靈魂的孤獨；他說，就算糟透了，也能把一種人類的友情帶給你：

不要再玩弄你的憂愁，

它像禿鷲將你的生命吞噬；

哪怕你跟粗鄙的人們來往，

也會覺得並沒有離群❷。

　　不過，偉大的天才命中註定要成為孤獨的人，
雖然他也多次為這一命運深感痛惜，卻依然選擇了
它，因為與成為粗鄙者的命運相比，成為孤獨者的命
運至少會少一些痛苦。

❷ 參見歌德的《浮士德》（Faust），第 1 部，第 1281 ～ 1285 行。

學會在人群中保持孤傲

　　隨著年齡漸長，可以更輕鬆地說，「敢於成為智者」，過了六十歲，對孤獨的偏愛慢慢變成一種真正的、自然的天性；因為，一切愛好與興趣都在這個年齡融為了對孤獨的偏好。就連最強烈的衝動——與異性交往的愛好，也很少發揮或根本失去了作用；這是人至老年的無性狀態，它逐漸消解了與他人交往的全部欲望，也為某種自我滿足提供了基礎。

　　只要克服無數幻覺和愚蠢，富有朝氣的生命年華便一去不復返了，一個人什麼希冀、謀劃和目的都沒有了。他所歸屬的那一代已經逝去，而已經成長起來的新的一代，也覺得他根本不是富有生氣的一類人。所以，**當我們步入老年時，歲月如梭，寧願將自己的餘年奉獻給精神生活，也不願在現實之中沉溺**。因為，已經得到明證的是，只有連續使用已經取得的

所有知識和經驗，我們的精神才能保持種種機能，進而促使自己更有去研究任何問題的興趣。無數原來朦朧不明之事，慢慢變得清晰明顯了，讓我們覺得一切困難都已得到解決。

根據人們的豐富閱歷，現在我們對他人不再抱有過高的期望。我們發現，人們從親近的朋友那裡什麼都沒有得到，甚至還發現我們碰到的人皆是不完美且有缺陷的，只有少數例外。因此，我們對生活不再抱有拙劣的幻想；而且一旦從某一個體的人那裡了解到其本性，就會馬上覺得不用與他建立更加親密的關係。

最後，孤獨，也就是我們形成了只有自己的社會，慢慢成為習慣，特別是假如從小就與之建立了友好關係，社會就好像成了自己的一種附屬特質。

從前對孤獨的偏愛，只是沉溺在對社會的奢望中，而如今卻成了我們的自然天性，就像魚兒不能離開水一樣，這些自然天性同樣是生命的要素。這就是一個具有獨特個性的人，儘管他是孤獨的，但因不

與其他任何人雷同，在逐漸步入老年時的處境，不再像青年時那樣令人感到煩惱苦悶的原因。

實際上，這種年齡是真正享有特殊榮譽的，只有具備豐富的才智才能的人，在處於這一年齡時，才可以享受到晚年的歡樂與幸福；每個人對這一點都或多或少有些認識，特別是在精神力量所在之處，人們對此更是倍加讚賞。

只有那些貧乏粗俗者，不管在其年輕時還是在年老時，都對交際充滿同樣的熱愛。不過，一旦他們成為社會的累贅，也就是說當貧乏粗俗者不再適於這個社會時，社會勉強會採取容忍政策，而從前，社會是極為需要這些人的。

年齡與喜好社交的性格成反比是問題的另一面，透過這種比較將會促進教育的發展。人越是在青年時代，越是渴望獲得一切知識；而且，正是在青年時代，為了讓我們與他人交流自己接受的知識，造物主為人們提供了一種互相教育的體制。

就此看來，人類社會很像一所巨大的專門學

校，「貝爾－蘭開斯特制❶」就是它所依據的教學法。這種教學法與以書本及學校為手段的教育制是相悖的，後者作為某種人為的規範，與造物主提供的自然法則相背離。所以，相互教育體制是一種十分恰當的安排，每一個人在其年輕時，都應利用造物主親自提供的學習場所，勤奮刻苦地學習。

可是，生活總是有著各種不如意，就像賀拉斯所說：「**幸福並不代表事事如意**。」或者用一句諺語來說：「不長莖的蓮花是不存在的。」與世隔絕的好處很多，也有一些缺憾與煩惱，不過與社會的缺陷相比，這種缺憾與煩惱完全是微不足道的。

所以，對每個真正具有自身價值的人來說，獨處要比與他人一起生活好得多。在與世隔絕的許多優點中，最易被感同身受的一點就是，當人們整日閉

---

❶「貝爾－蘭開斯特制」（Bell-Lancaster method）：也叫導生制（Monitorial System），是 19 世紀初由英國牧師貝爾和教師蘭開斯特所創制。根據這種教學制，老師從年級較高而成績優秀的學生中選擇一些充任「導生」來作為自己的助手，向他們講授教材內容，再讓他們轉教別的學生。

門不出時，身體就會變得對風十分敏感，以致即便是極輕微的氣流也足以使其身體微恙。

我們的情緒也是這樣，長期的與世隔絕使它們變得十分敏感，以致最偶然的一件小事，最普通的一句話，最不經意的一瞥，也能使我們感到憤怒，或使感情受到傷害；而那些生活在紛繁嘈雜之中的人，對這一切則從不曾留意。

當一個人發現社會現況令人不太滿意，因而覺得遁入孤獨是更為恰當的途徑但又無法真正經得起長期獨處的考驗，**我提供的勸告是，在社會交往中養成和他人拉出適當距離的習慣，也就是說，學會在人群中保持特定程度的孤獨。**

既不要馬上將自己的思想和盤托出，也不要拘泥於別人所說的話；另一方面，不管是在道德上還是在才智上，不要對他人抱有過高的期望，要對他人的不同意見保持淡漠，這是要實踐值得讚許的寬容最可行的方法。

如果你這樣做了，你與他人之間就不會產生過

於親密的聯繫和交往，卻又顯得你好像生活在他們當中：你與他們的關係將具有一種完全客觀的特性。這種預防措施不僅能夠讓你與社會保持適當的距離，還能使你因此避免遭受其傷害和玷汙❷。

就這一點來說，社會就像一團熊熊燃燒的烈火，聰明人因懂得與之保持適當的距離而能夠借其取暖，傻瓜則不是因為離得太近被火灼傷，就是因為抱怨火的灼熱而躲得遠遠的，以致只能孤零零地忍受嚴寒的折磨。

---

❷ 這種受制約的，看似被禁錮的社交性格，早已戲劇性地出現在莫拉丹（Moratín）所著的劇本裡，劇名是《咖啡廳，或新喜劇》（*The New Comedy or The Coffee*），主要由劇中角色 D·佩德羅在第一幕的第二場和第三場給予說明，值得我們一讀。

高寶書版集團
gobooks.com.tw

NW 292
人生有點苦，但你可以選擇幸福：叔本華 59 個不迎合、提升配得感的人間清
醒之書

作 者	阿圖爾‧叔本華（Arthur Schopenhauer）
編 譯	李東旭
副 主 編	林子鈺
責任編輯	藍勻廷
封面設計	高郁雯
內頁排版	賴姵均
企 劃	陳玟璇
版 權	張莎凌

發 行 人	朱凱蕾
出 版	英屬維京群島商高寶國際有限公司台灣分公司
	Global Group Holdings, Ltd.
地 址	台北市內湖區洲子街 88 號 3 樓
網 址	gobooks.com.tw
電 話	(02) 27992788
電 郵	readers@gobooks.com.tw（讀者服務部）
傳 真	出版部 (02) 27990909　行銷部 (02) 27993088
郵政劃撥	19394552
戶 名	英屬維京群島商高寶國際有限公司台灣分公司
發 行	英屬維京群島商高寶國際有限公司台灣分公司
法律顧問	永然聯合法律事務所
初版日期	2024 年 09 月

原著作名：100 種幸福：生活的答案
本書由文通天下授權中文繁體字版之出版發行
非經書面同意，不得以任何形式任意複製、轉載。

國家圖書館出版品預行編目 (CIP) 資料

人生有點苦，但你可以選擇幸福：叔本華 59 個不迎
合、提升配得感的人間清醒之書 / 阿圖爾．叔本華
(Arthur Schopenhauer) 著；李東旭編譯 . -- 初版 . --
臺北市：英屬維京群島商高寶國際有限公司臺灣分公
司，2024.09
　面；　公分 . -- （新視野 292）

ISBN 978-626-402-062-6(平裝)

1.CST: 人生哲學　2.CST: 幸福

191.9　　　　　　　　　　　　　　　113011875

凡本著作任何圖片、文字及其他內容，
未經本公司同意授權者，
均不得擅自重製、仿製或以其他方法加以侵害，
如一經查獲，必定追究到底，絕不寬貸。
版權所有　翻印必究